教师队伍建设：策略与实施

谭颜宇◎著

吉林出版集团股份有限公司

图书在版编目（CIP）数据

　　教师队伍建设：策略与实施 / 谭颜宇著. — 长春:
吉林出版集团股份有限公司，2024.1

　　ISBN 978-7-5731-4638-0

　　Ⅰ．①教… Ⅱ．①谭… Ⅲ．①高等学校－师资队伍建
设－研究 Ⅳ．①G645.12

　　中国国家版本馆 CIP 数据核字（2024）第 050014 号

教师队伍建设：策略与实施

JIAOSHI DUIWU JIANSHE：CELÜE YU SHISHI

著　　者	谭颜宇	
出版策划	崔文辉	
责任编辑	侯　帅	
封面设计	文　一	
出　　版	吉林出版集团股份有限公司	
	（长春市福祉大路 5788 号，邮政编码：130118）	
发　　行	吉林出版集团译文图书经营有限公司	
	（http://shop34896900.taobao.com）	
电　　话	总编办：0431-81629909　营销部：0431-81629880/81629900	
印　　刷	廊坊市广阳区九洲印刷厂	
开　　本	787mm×1092mm　　1/16	
字　　数	212 千字	
印　　张	13	
版　　次	2024 年 1 月第 1 版	
印　　次	2024 年 1 月第 1 次印刷	
书　　号	ISBN 978-7-5731-4638-0	
定　　价	78.00 元	

如发现印装质量问题，影响阅读，请与印刷厂联系调换。电话：0316-2803040

前　言

　　教育是民族的基石，教师是职业教育发展的第一资源。教师作为人类文明的传承者，"传道、授业、解惑"的功能承担者，工学结合教学改革的推动者，高技术人才的培养者和学生人生生涯规划的指导者，对体现教育的人本精神，全面提升教师的专业化水平起着关键作用。因此，教师队伍建设对全面提升职业教育的社会地位，促进职业院校的可持续发展，既是一项系统工程，又是一项长期的繁重任务。

　　在民族复兴的过程中，高等教育扮演着重要角色，承担着培养知识人才和技术研究的重要任务。而高等教育能否发挥应有的作用，其核心在于高校的教师队伍素质如何。因此，从我国的宏观战略出发，为推进社会经济快速发展，就必须重视高等学校的发展，特别是加强高校教师队伍的建设与管理。

　　我国现代高等教育的发展经历了借鉴、自主、融合的发展阶段，每一段历程都积累了宝贵的经验和财富。高校教师是高校人力资源的核心组成部分，肩负着人才培养、知识创新和社会服务等主要任务，既是高等教育领域的劳动者，也是国家关心、关注的对象。高校教师肩负着对大学生传道、授业、解惑的责任，是为国家培养人才的基层工作者。同时，高校是知识传播、创新的主要阵地，而高校教师则是知识传播、创新的中坚力量，在社会服务方面，高校教师实际上承担起了高校与社会对接、融合的任务，成为高校履行社会责任的实践者。当前高校教师已然成为人才培养、知识创新和社会服务的主力军，高校教师的管理、发展成为我们必须给予足够关注的问题。

　　笔者在撰写本书的过程中得到了大量专家与学者的帮助，在此一并表示感谢。因为时间仓促，专业水平有限，书中若存在不妥之处，敬请读者朋友批评指正。

目　录

第一章 教师队伍建设概论

第一节 我国的职业教育

一、职业教育的内涵

论及职业教育的内涵，有观点认为，"职业教育的存在形态是动态变化的，时代不同，国家不同，亦有所不同，一个国家界定什么是职业教育，既有客观性，又有主观性。"在职业教育的发展史中，历来对职业教育的解释有很多说法。

（一）职业教育的概念

当前国内外对职业教育的定义有近百种，但还没有一个明确、统一认可的定义。

①《教育大词典》第三卷定义职业教育为"传授某种职业或生产劳动必须知识、技能的教育"。强调职业教育是培养劳动型技能人才的一种教育活动。

②1917年，黄炎培在《中华职业教育者宣言》中定义职业教育是"用教育法，使人人依其个性，获得生活的供给与乐趣，同时尽其对群之义务"。其使"无业者有业，使有业者乐业"的职业教育目的十分明确。

③1996年9月颁布的《中华人民共和国职业教育法》规定："职业教育是国家教育事业的重要组成部分，是推动经济、社会发展和劳动就业的重要途径，它指明职业教育在国家教育体系中的地位，并表明职业教育为经济、社会、个人服务的目的。

④ 1998 年，联合国教科文组织在《国际教育标准分类法》中定义："职业教育是为引导学生掌握在某一特定的职业（或行业）或某类职业（或行业）中从业所需的实用技能、专门知识和认识而设计的教育。"其学习技能、从事职业的目的明确。

近 30 年来，关于职业教育内涵解读还有以下几种比较流行的说法。

一是"主体说，这种观点认为职业教育是现代教育的主体。其理由是"本来教育是为了职业而设的"，也就是说人类先有职业而后有教育，"世界上的一切问题的中心是人类，人类的中心问题是生活"，"有什么样的生活就有什么样的教育。既然职业教育是人类生活的主体，那么职业教育就应理所当然成为教育的主体了"。

二是"过程说"。有的学者认为，职业教育是"大工业生产发展的必然产物，它是一个历史发展过程"。其要义是，现代职业教育是伴随着大机器生产而产生的。

三是"终身说"。有学者强调应树立大教育观和终身教育观，认为："随着终身教育思想的深入人心，职业教育成了贯穿于个人职业发展全过程的一种教育，职业准备教育—就业培训—岗位培训—晋级/转业/再就业培训"。与之观点相同的学者也认为："职业教育和培训是社会终身教育、终身学习的主要内容。所以，它是一种终身性的教育。"

四是"系统说"。这种观点认为，职业教育是国家教育事业的重要组成部分，是一种教育的类型，是"为获得某种'资格'而组织的教育系统"。这种系统"完全可以摆脱学历和学术课程的困扰，可以按不同职业资格需要招收不同学历或学术、文化水平的人给以职业资格培训"。

五是"适应说，职业教育"是为适应职业需要而进行的教育，包括就业准备、在职提升和转换职业所需要的教育：同类观点强调职业教育是"为适应经济社会发展的需要和个人就业的要求"。

六是"针对说"。持这种观点的学者认为，"狭义的职业教育指对全体劳动者在不同水平的普通教育的基础上，所给予的不同水平的专业知识教育，培养能够掌握特定劳动部门的基础知识、实用知识和技能技巧人才的教育"。"换句话说，职业教育就是针对某种职业（特定劳动部门）的理论知识和实践能力的特殊要求所进行的一种专门教育"，即是一种"职业针对性"的教育。

从以上几种对职业教育的解释来看，不是对其界定过于狭窄，强调"职业"而忽略教育本性，就是对其解释过于宽泛，不能辨别与普通教育的差异性。在职业教育发展到21世纪的今天，职业教育已经被赋予更具现代性的特征和内涵。刘春生教授在其《职业教育学》一书中，从职业教育实践层面上，指出职业教育从广义上泛指一切增进人们的职业知识和技能，培养人们的职业态度，使人们能顺利从事某种职业的教育活动；从狭义上是指学校职业教育，即通过学校对学生进行的一种有目的、有计划、有组织的教育活动，使学生获得一定的职业知识、技能和态度，方便为学生将来从事某种职业做准备。由此，我们可以看出，无论是从广义上还是从狭义上，职业态度已经和职业知识、技能列于同等重要的地位，现代职业教育已经由单一的以工作定向的教育观念和教育方式转向以人的全面发展为目标，塑造符合现代社会经济需要的职业人，职业教育的特征是"职业"，但本质不能脱离"教育"，不能丧失育人功能。

作为价值客体的职业教育，就是通过对社会各种职业、各种岗位所需要的人进行职业知识、技能和态度的教育和培训，达到国家规定的各类职业资格标准，符合就业准入制度，满足作为价值主体的人（包括就业者和从业者）的求职、就业、转业、再提高的需要，从而满足作为价值主体的人获得相关职业资格和人力资本提升的需求，最终满足人的全面发展和社会可持续发展的根本需要。

它既是以普通教育为基础，又具有自己鲜明特点，既有教育的基础功能，又有较强的职业性、生产性和实践性。

（二）职业教育的特征

职业教育的特征具有多样性。一般认为，现代职业教育具有职业性、技术性、社会性、终身性和全民性等特征。其中，职业性和技术性是职业教育的本质属性，其他特性是职业教育的派生属性。

职业教育的职业性。职业是职业教育的基础，职业教育应该以职业的形式进行，职业是规范职业教育的专业、课程和评价的标准。如杜威所讲，一种职业也必须是信息和观念的组织原则，是知识和智力发展的组织原则，职业给我们一个轴心，它把大量变化多样的细节贯穿起来，它使种种经验、事实和信息的细目彼此井井有条。亦如德国职教学者所致力的"职业科学"的研究。只有充分研究职业，按照职业的规范、过程、要求和逻辑，而不是根据学科来重组知识和技术，职业教育的基础才能坚固。

职业教育应以就业为导向。职业教育应为现代职业培养生产、管理、服务一线所需的具有综合职业能力的应用型人才。职业对于个人和社会均具有多重功能决定了职业教育对于个人和社会功能的多重性，单纯讲抓职教就是抓经济、职业教育就是就业教育等，是有偏颇的。职业性并不排斥文化修养、人文道德，而是融人力、知识、技术、技艺、工作的任务与过程及行动、道德、价值、精神等于一体。同时，职业教育的对立面既不是闲暇活动，也不是文化修养，职业教育与文化修养是可以联系起来的。

职业教育的技术性。技术转化为现实生产力需要通过职业教育，技术通过职业教育内化到劳动者身上，才能发挥出它的作用。技术的演变会影响到职业教育发展的结构、层次、规模、课程和方法等。首先，技术革命导致职业教育技术制度的变革。技术结构及产业结构的变动推动职业教育结构的演变，技术革命及其引发的社会生产方式的变革决定职业教育思想的发生和发展。技术可分为经验型技术、实体型技术和知识型技术，它们都是职业教育课程的主要内容。职业教育的教学过程也要充分体现技术的属性，体现技术传授的规律和要求。技术的学习需要训练，训练性不排斥教育性。技术的学习需要重复，重复不排斥创新，同样有价值。

技术的进步推动职业教育办学模式和人才培养模式的改革。职业学校应该紧跟技术的不断进步，通过产教结合、工学结合的基本途径，教育与训练并重，灵活应对，促进学习者对新技术和新工艺的掌握，提高就业能力。

职业教育的社会性。世界各国的职业教育各具特色，但凡成功的职教模式，都有一个共同的特征，就是与本国社会实际密切结合，社会环境适宜职业教育的发展，职业教育能够有效促进社会经济发展。与普通教育相比，职业教育与整个社会的联系更紧密、更具体，为整个社会服务更直接。服务社会是职业教育的宗旨，正如黄炎培先生所言，职业学校"从其本质说来，就是社会性。从其作用说来，就是社会化。职业学校的基础，是完全构筑于社会的需要上。"从总体上说，教育都是依存于一定的经济、政治和社会条件的，但各类教育的依存程度和方式有所不同。普通教育的构架是相当稳定的，其基础内容和教学组织自成体系，受外界影响不直接。因此普通教育的内部系统是可以自行运转的，只要有起码的师资、经费和校舍设备条件，即可维持教学活动。而职业教育则不可能脱离外部社会环境，由于它与社会劳动就业直接联系，毕业生就业可以说是维系职教办学的生命线，而劳动就业又是高度综合性的社会工程，涉及国家和地域的资源、人口、经济、政治、科学、文化、社会习俗观念、有关制度措施等各方面，所以，这些都牵动职业教育的办学。另外，职教办学途径也远广于普教，诸如联合办学、定向、委托培养也使职业学校必然受多方制约。职业教育对社会环境的高度依存性，要求其办学必须是开放的、灵活的，职业教育只有吸纳全社会的力量才能办好。

职业教育的教学、课程、评价和管理也需要行业企业的参与和支持，必须与生产劳动和社会实践紧密结合，走工学结合之路，实行灵活多样的人才培养模式，职业教育的培养目标才能实现。职业教育要积极主动地把握外界情况，抓住机遇，利用有利因素，开拓办学途径和改善办学条件。同时又不能被外部环境所左右，要遵循职业教育自身的规律，要具有超前性和发展的眼光，保持一定的稳定性，把握住办学的主动权。

职业教育的终身性。职业教育在实现终身教育目标的过程中承担着不可或缺的重要职责。为实现这样的目标，职业教育应以更加开放和宽阔的胸怀，更加灵活多样的课程和教学模式，提供终身学习的机会和途径，使人人一生中都有机会拥有获得新技能的机会，学有所教，进而获得技能性就业或高技能性就业，使职业教育能够与普通教育相互沟通，架起人才成长的立交桥。

职业教育可上延至高等教育阶段，下伸至基础教育阶段，并与成人教育、继续教育相融合。同级职教又包含众多的科目，均可相互延伸，一个人一生不可能再上一次小学或中学，但完全应当多次接受职业教育。这当然不是职教内容的简单重复，而是职业所需要的技能程度的提高或更新，甚至出现具有高等学历者又去接受另一项中等职业教育的事例，并且这种事例已经越来越多。现代职业对从业者资格和能力的要求在不断提升，加上就业竞争越来越激烈，指望一次教育定终身是越来越行不通了，因此职业教育必将延伸至整个从业阶段。

职业教育的全民性。职业教育面向所有人，而且是所有人的终身。职业教育在实现全民教育目标的过程中承担着不可或缺的重要职责。职业教育的对象可以有一部分是选拔性的招生，但更多应该以非选拔的招生入学为主，同时应更多关注弱势群体和非常态的学生。职业教育是面向人人的教育，更是面向平民、面向各类边缘群体和弱势群体的教育，只有这样才能使"教育事业关注人人"成为可能。以"得天下英才而教育之"为乐是精英教育理念，以"得天下人人而教育之"为乐则是全民教育理念，才能迈向"人人有知识，个个有技能"的目标。

二、职业院校

（一）初等职业学校

初等职业教育是小学后、初中阶段的职业教育，实施这种教育的学校主要是初级职业中学（简称职业初中）。职业初中招收小学毕业生，学制3~4年，培养具有某种初步的职业基础知识和一定职业技能的工人、农民和其他从业人员。这类学校目前大多数设在经济不发达的农村地区，由地方教育部门管理或乡（镇）集体办学。职业初中以学习九年制义务教育初中阶段的文化基础课为主，同时接受一年左右的职业知识与技能训练。所以，这类教育也是普及九年制义务教育的一种形式，是中国九年制义务教育的一部分。由于有的经济不发达地区尚未普及九年制义务教育，初级职业教育既能推动义务教育的实施，又能为这些地区培养受过初级职业培训的劳动者，促进当地经济的发展。

（二）中等职业学校

中等职业教育主要是指以初中文化或相当于初中文化为基础的高中阶段的职业教育。我国的中等职业学校按照类型划分，有中等专业学校、技工学校、职业高中三类的分法，也有中等专业学校、技工学校、职业高中、成人中专四类的说法，其中中等专业学校是新中国成立后最早发展的中等职业学校，一般认为，中专培养中级技术、管理人才，即培养技术员和基层干部；技校培养技术工人；职业高中介于两者之间，既培养"员"（初、中级技术管理人员），又培养"工"（劳动后备力量）。后因这几种办学形式在培养目标上互有交叉，又同属中等职业教育，教育部遂下发文件，决定调整中等职业学校的布局，优化教育资源，合并中等专业学校、技工学校、职业高中为中等职业学校，形成三位一体。统一后的中职，一般学制为3年，大部分学生毕业后直接就业，也有5%左右学生可以继续升学，进入高等职业学校和普通高等学校。

中等专业学校是新中国成立后，在接管并改造原有的高级职业学校的基础上逐步建立和发展起来的中等职业学校，现在主要招收初中毕业生，学制多数为3年，个别为5年。中等专业学校专业目录共分八种：工科、农科、林科、医科、师范、财政、体育、艺术，包括400多个专业门类。随着对教师学历要求的不断提高，原来以培养小学和幼儿园教师为主的中等师范学校已逐渐停办，或改组合并或升格为高等师范学校。

技工学校招收初中毕业生，学制为3年，主要培养中级技术工人。技工学校的教学以生产操作实训为主，同时也学习一些相关的文化知识和专业知识。

职业高中主要是1985年以来在改革中等职业教育结构的基础上发展起来的中等职业学校，大部分由原来的普通高中改造而成，职业高中招收初中毕业生，大多数学制为3年，也有2年和4年的。职业高中包括工科、农科、医科、财经、政法等400多个专业门类，不同的专业有不同的培养目标和规格。

（三）高等职业教育学校

高等职业教育作为我国高等教育的一个重要组成部分，是在高中文化基础或相当于高中文化基础及一定的专业技术基础上，实施具有高等教育理论知识和高级技术技能内容的职业技术教育，以培养生产、管理、服务工作一线从事生产技术和管理服务的高级应用型人才为目标。在我国，这类教育是在1980年后才作为职业教育体系中的高层次发展起来的。1980年，南京金陵职业大学是我国改革开放后成立的第一所高等职业学校。但高等职业教育作为新生事物，在当时并没有引起社会各界的广泛关注。经过 20 世纪 80 年代的逐步发展，高等职业教育在 90 年代成为教育界人士讨论的热点问题。1991 年中共中央国务院关于《大力发展职业教育的决定》提出了"努力办好一批培养技艺性强的高级操作人员的高等职业学校"的任务。1995 年 10 月，原国家教委正式把"推动职业大学的改革和建设"纳入工作重点。从此，高等职业教育快速发展。从广义上分，按照办学主体的不同，一般把高等职业教育办学形式分为五类，即职业大学（职业技术学院）、普通专科学校、普通大学内设置的高职院校、独立设置的成人高校、民办高职院校。但是，我们现在所说的高等职业院校通常是指狭义的职业技术学院（包括民办高职院校），其主要是根据 1997 年国务院及教育部关于规范高等职业学校名称的有关文件精神，由一部分职业大学改名或由部分中专学校更名而来。这类职业技术院校多为专科层次，学制 2—3 年，主要面向地区经济，为地区经济的发展培养急需的生产、服务、管理一线的应用型人才。

第二节　高校教师队伍建设概述

一、高等教育师资队伍建设的一般要求

（一）数量适当

与学校办学规模相适应，专业门类相协调，高校应该使教师队伍在数量上保持充足适当，必须满足生师比的基本要求，比如现在一般认为 16：1 是高校生师比的一个适当指标。当前的情况是，因为学校规模发展快，又考虑成本等因素，不少学校尤其是民办学校存在着教师数量不足乃至严重不足的矛盾，这应该引起我们的重视。

（二）素质精良

素质精良是一个内涵丰富的概念，作为教师，其主要任务是育人，因此，教师首先必须具有良好的师德师风、良好的道德素质，从某种意义上说这是最为重要的。其次，不同类型的学校对教师也有不同的素质要求，教师应该具有较高的文化层次，接受过高等教育是最基本的要求，接受过研究生教育乃至博士教育也应该是重要的导向，尤其是博士，更应该是目标追求。除此之外，高校的教师应该有作为教师的基本素质，如语言表达能力、形象、品质、风度和人格影响力等。

（三）结构合理

学校教育不同于培训机构，它要培养相应学历层次的人才，因此，必须实现知识、能力、素质的有机统一。而要达到这一目标和要求，其人才培养方案本身就有丰富的内容和合理的结构，马克思主义理论课程、思想道德修养课、法律法规教育课、军事体育艺术课，不同专业的专业课程、专业基础性课程等，共同构成了教师队伍建设不仅有总量要求、素质要求，而且应该有结构要求，并且要以合理的结构来支持和完善数量和素质的要求。与此同时，高等教育作

为高教性、职教性和行业（区域）性三者统一的复合体，本身就是一个非常重视结构的机体，实际上是说，高等教育教师的结构问题更为重要、更有意义，更能体现办学特色和发展需要。

二、高校教师素养的个性要求

无论从哪个角度看，教师的个体素质，是教师队伍建设的基础，广大教师的良好素养和水平，决定了高水平教师队伍的形成，教师个体素质至少包括以下几个方面：

（一）强调三种经历

这是说，一个合格的、优秀的教师必须具有三个方面的经历：一是高等教育的学历，如果能够有硕士乃至博士的学历则更好；二是企业经历，不仅要了解行业企业的情况，有行业企业从事具体工作的经历，而且应该把了解行业企业，在行业企业挂职实践成为制度；三是育人履历，这是教师对教书育人职责的要求，是要求教师能够有丰富的育人工作的经验和经历。

（二）注重三项能力

这是说，一个教师至少具备三个方面的能力：一是教学和指导实践的能力，不仅能教好一门或者二门课，而且要有指导学生具体做的实践能力；二是育人和指导职业生涯规划的能力，真正能做到教书育人，做学生的知心朋友，指导学生科学规划人生，实现人生和谐发展；三是科研和社会服务能力，教师必须充分利用自身优势，积极开展科学研究和社会工作，为行业企业、政府决策，为社会进步、企业发展做贡献，

（三）推进三方融入

要实现教师的成长和发展，必须积极创造条件，为教师成长和为社会贡献创造条件：一是融入政府部门，提高服务决策能力。高等职业教育办学过程中，

必须以政府为主导，因此，了解政府的需求，研究政府的动向，必须为高职院校的教师所关注。二是融入行业企业，提升服务社会的能力。高等教育发展必须以行业为依托，了解行业，服务企业，以行业发展为指导，应该成为高等教育发展的主旋律，作为学校干部和教师，应该切实把融入行业企业作为重点。三是融入科研院所，提高学术服务能力。高职教育是高等教育的重要组成部分，必须在加强职教性建设的同时，着力高教性建设，提升科研能力和水平，更好地为社会服务。

三、推进高校师资队伍建设的具体举措

目前，全国上下正在认真贯彻学习《国家中长期教育改革和发展规划纲要（2010—2020 年）》，大力推进职业教育发展，其中，提高师资队伍水平，提高教师的教学能力、育人能力、科研能力和服务能力是一个重点，具体举措有：

（一）政府重视

所谓政府支持，就是政府必须将建设一支高素质的高校教育教师队伍纳入到政府议事日程，并推出相应的措施予以支持，比如实施学历提升计划、国际化能力提升计划等。这类计划必须在学校重视的同时，得到政府部门的重视才得以有效进行，只有财政、教育、人事乃至党委组织部门将高校的教师培养纳入规划，并有积极行动，才有利于切实提高高校教师队伍的水平。

（二）工程推动

政府重视的直接措施至少有三个方面，一是专项投入，二是专项考核，三是工程推动。实践证明，专项投入、专门考核和工程推动三者相互结合，成效显著。采用工程推动的办法，以 XX 人才工程、XX 人才项目的办法，辅之以专门的财政投入和专项考核，一定会产生积极的效果，如浙江省委组织部、科技厅等七部委组织的"新世纪 151 人才工程"，教育部的"百千万人才工程"，

实践证明是十分成功和有效的。高校教育队伍建设的关键是参照这些机制，开展有针对性的工程推动方法来解决高层次教育师资问题。

（三）科学定编

高等院校教育的师资队伍，不仅有素质提升问题，还有结构优化问题、总量控制问题。结构问题和总量问题的原因是各方面的，规模发展快，师资总量增加不够快，专兼结合机制结合难等都是重要：原因，对于高校来说，由于高等教育实践性的要求，要求必须有一定数量的教师每年有一段时间或每几年有一段时间保持轮岗实习，这样，对高校教师的编制应该更宽松一些。

第三节　人力资源管理与干部队伍建设

一、高校人事制度改革

（一）问题

有研究者认为，我国高等教育发展起步晚，进步快。随着高等教育体制的不断改革，高校的人事制度改革取得了相当成就。比如人力资源观念逐渐确立、竞争机制加强、初步建立了有效的激励机制等，但同时也应当看到，我国目前高校大多还处于传统人事管理阶段，管理上还存在着弊端。

（二）路径

针对目前我国高校人事制度上存在的问题，众多研究者提出，其根本改革方向是实现从传统人事管理向现代人力资源管理的转变。

1.现代人力资源管理与传统人事管理的主要区别。第一，在管理内容上，传统的人事管理以事为中心，主要是对员工进行"进、管、出"的管理。而现代人力资源管理则以人为中心，将人作为一种重要资源加以开发、利用和管理，力求使每个人都能积极、主动、创造性地开展工作。第二，在管理方法上传统的人事管理属于静态管理，现代的人力资源管理属于动态管理，强调整体开发，对员工不仅安排工作，还要根据组织目标和个人状况，为其做好职业生涯设计，不断培训，充分发挥个人才能，量才使用，人尽其才。第三，在管理手段上，传统的人事管理主要采取制度控制和物质刺激手段；现代人力资源管理采取人性化管理，考虑人的情感、自尊与价值，发挥特长，体现价值。第四，在管理策略上，传统的人事管理侧重于近期或当前人事工作，发挥战术性管理。现代人力资源管理更注重人力资源的整体开发、预测与规划。结合组织的长远目标，制定人力资源的开发措施。第五，在管理技术上，现代人力资源管理不断采用新的技术和方法，完善考核系统、测评系统等科学手段。第六，在管理体制上，传统的人事管理属被动反应型，手段单一，以人工为主，很难保证及时、准确，并浪费人力、物力和财力；现代人力资源管理属主动开发型，根据组织的现状、未来，有计划有目标地开展工作，如制订人力资源规划、实施人才引进培养、决定薪资报酬等，工作富有主动性、创造性。第七，在管理地位上，传统的人事部门往往只是上级的执行部门、操作部门，很少参与决策；现代人力资源管理进入决策层，直接参与计划与决策，是具有战略和决策意义的管理活动，它把人力资源管理与单位的目标紧密地联系在一起，成为单位发展不可缺少的一个重要方面。

2. 从传统人事管理向现代人力资源管理转变的途径。结合现代人力资源管理理论，针对目前我国高等人事管理方面的问题，相关论者提出了以人力资源理论指导的我国高校的人事管理改革途径，总结起来，其主要包括：解放思想，转变观念，牢固树立人力资源是第一资源的观念；促进高校机构编制改革，规范高校内部组织结构；创建符合高校办学规律，动态、有序、科学的用人制度；创新机制，建立以战略为导向的绩效考评机制，确保人力资源高效运作；建立一支高素质的战略人力资源管理队伍。

二、中层干部管理

中层干部位于组织的中间层次，主要负责实施高层管理干部制定的总体战略与政策，一般关心较短一段时间的问题。作为中层干部，首先，要承担单位职责，达成组织目标，执行上司指示。其次，做好组织管理，带领团队达成任务，使各项资源充分有效发挥。最后，协调同事之间的矛盾。中层干部是高校管理队伍的中坚力量，在管理工作中起着承上启下的重要作用。一般而言，中层干部管理的基本职能有计划、组织、领导、控制四个。

中层干部选拔与管理的机制创新。针对高校中层干部管理与选拔中存在的问题，很多研究者提出了较有建设性的建议，归纳起来，其主要包括以下六个方面：转变观念，积极推进公开选拔任用机制；建立科学全面的绩效考核体系，坚持和完善严格的考评机制；积极推行干部轮岗交流制度，建立正常规范的良性更替机制；积极探索干部制度的改革，完善监督有力、纪律严明的监督管理机制；重视中层干部个体素质和工作能力的提升，完善教育培训机制；优化处系领导班子结构，加强团结，增强集体的战斗力。

有研究者对我国高校干部管理模式进行研究，在探讨相关问题的基础上，论者提出三点建议：要较为科学地划分学校类型，不同类型的学校采取不同的干部管理模式：；简政放权，明确校长院长条件，分级管理，强化举办者在用人上的权责；建立高校校长、院长人才市场，发挥教育主管部门在干部配备上的优势。

也有研究者针对目前高校中层干部现状，综合绩效考核要求，构建了符合高校具体情况，"能够实现"的中层管理干部绩效管理体系。论者指出，在构建体系的过程中，一要更新观念，二要明确分工，三要明确绩效管理的流程。一个完善的绩效管理主要由五个环节组成，即绩效计划、绩效辅导、绩效考评、绩效反馈和绩效结果的应用。

三、专业带头人的培养与选拔

专业带头人的内涵与工作职责。有研究者认为，专业带头人是具有高尚的政治素质、职业道德素质和严谨正派的学风，具有较高的教学和科研水平，具有深厚的专业知识、较宽的相关学科知识面和较突出的专业研究方向，具有一定的专业研发能力，并能组织和带领本专业教师进行专业建设的拔尖人才。

根据高校教育教学实践，专业带头人的主要工作职责应当有以下几方面：

（1）在对专业进行社会调查的基础上提出专业发展规划与专业设置或调整建议。（2）负责本专业的专业建设与教学改革，积极探索校企合作、工学（产学）结合的人才培养方法，培育专业特色。（3）组建专业指导委员会，在其中担任一定的职务并提出年度活动方案。（4）做好专业师资队伍建设，使本专业教师团队保持合理结构。（5）制订专业教学计划（专业教学标准）并组织专家论证。（6）组织编写本专业各类课程教学大纲（课程标准）。（7）对本专业学生进行专业教育，跟踪教学实施过程，实施教学质量监控。（8）指导和参与校内、校外实训基地建设，安排本专业的实践环节并提出实践教学要求。（9）联系和落实本专业职业资格证书考试的相关工作。（10）实施本专业招生与就业工作，并对毕业生进行跟踪调查。

专业带头人作为示范性高校建设中的领军人物，必须具备主动适应高校教育改革和发展的需要，推动高等教育的专业建设与发展，要对高等人才定位及发展趋势、专业发展形势和目标、专业发展要求、专业的评价指标有较清晰的认识，而且对本专业建设方面要有比较深入的研究、独特的见解，要在本专业教育教学改革方面有所建树，能够取得同行公认的具有标志性的开拓性专业建设成果，更为重要的是，担负着在示范性高校建设中带领教学团队完成"工学结合"人才培养方案的拟订、课程建设与开发等方面的责任。

第二章 高校师资队伍建设方向

第一节 高等院校学术带头人的培养

高等院校承担着人才培养、科学研究、社会服务、文化传承与创新的基本职能，需要进行学术研究，需要致力于培养和造就一支高素质、高职称、有影响力的学术带头人队伍。本节拟就高等院校学术带头人建设话题，进行思考和探讨。

一、高等院校建设和发展需要学术带头人

（一）发挥高等院校整体功能需要学术带头人

我们认为，高等教育的主要任务是培养适应社会主义现代化建设的生产、建设、管理、服务第一线需要的"下得去、用得上、留得住"的高素质、高技能应用型人才，注重学生能力的培养是高等教育的重要特征，也是贯彻以就业为导向的教育改革的重要内容之一。要培养学生的操作能力，教师本身的业务能力是前提，"能"师才能出高徒。因此必须全面履行高等院校的四大基本职能，在做好人才培养工作的同时，以知识贡献、社会服务等途径展示和提高自己。在高等师资队伍整体素质提升上，没有一定数量、具有较高水平和社会影响的学术带头人引领是不现实的，是难以实现高水平、高质量高等院校办学目标的。

（二）提高高等院校教育质量需要学术带头人

高等院校实现人才培养功能、提高教育质量，必须加强师资队伍建设，形成一支素质精良、结构合理、数量充足的师资队伍，其中结构合理是十分重要的，

它包括年龄结构、学科结构、专业结构、权威结构等内容。在此过程中，培养一部分理论造诣较高的学术带头人和实践操作能力较强的双师型教师对于优化师资队伍结构具有重要价值。如果没有足够数量的学术带头人，至少说明高职院校的师资队伍结构是不尽合理的，也难以实现高水平的教育质量，培养高素质的人才，引领高等院校科学发展的目标。

（三）加强高等院校专业内涵建设需要学术带头人

高等院校必须抓专业内涵建设，必须拥有一定特色和办学水平的学科，这是学校事业发展的必然要求，而专业和学科建设必须要有一定数量和较高质量的学术带头人来引领，通过学术带头人的引领，才会形成充满生机的专业建设格局，才能促进学院工作的全面展开。古今中外学校发展的实践证明：能否培养并切实发挥高水平的学术带头人引领作用对于形成有特色和水平的学科与专业具有决定性影响。

（四）提升高等院校社会形象需要学术带头人

高等教育不仅要培养人才，而且要服务社会。因此，学院必须要有一个良好的社会形象。我们可以这样说，许多社会人士发掘和研究学校资源，往往是从一批乃至几个学术带头人身上开始的，是从这一点出发来判断学院的办学实力和水平的；而能否承担科研和社会服务项目，也需要学术带头人来支持、组织和带领，其作用毋庸置疑。

由上述分析可见，在高等院校发展过程中，我们必须充分了解学术带头人的重要性，并花力气培育和造就一批高水平学术带头人，为高等专业建设、人才培养、科学研究和文化传承创新服务。

二、充分认识学术带头人在高等院校建设和发展中的积极作用

高水平学术带头人是学校的旗帜。一所学校拥有多少重量级的学术（科）带头人，不仅是推动学校学术发展和教育质量提高的重要力量和宝贵财富，更是学校改革创新、彰显魅力的关键所在。学术带头人在高等院校的作用主要体现在：

（一）组织作用

学术带头人眼光敏锐，能攻克难关，在学术研究中，能够起主导作用，能够被同行广泛认同。所以，他们在学术研究中组织或开展较大课题的研究，依靠自身的学术影响力对学校其他教师乃至整个学校科研工作的开展起着引导和影响作用。充分重视并积极创造条件发挥学术带头人的这种作用，对一所高等院校来说是很有意义、很有价值的。

（二）示范作用

学术带头人是一个个体，是教师队伍的一员。由于其科研能力较强，科研成果丰厚，一般都会得到同行的广泛好评。他们进行学术研究的经验对其他教师有启迪作用和影响作用，也有借鉴作用；往往成为其他教师学习的榜样，他们的成果、成功、成就对同行一般都具有良好的示范作用。

（三）激励作用

学术带头人的作用和工作业绩往往成为其他教师新的工作参照目标，往往会提升其他教师的心理期待，促成其他教师的学术追求。在学术带头人的引领下，一部分上进心强的教师会感到上升的空间和追求的动力；一部分上进心欠缺的教师则会感到心理的压力，如果转化积极效应，往往也会成为积极向上的因素，形成相互之间的"比、学、赶、超"，带动整个教师队伍的提高、发展和成长，促进学校良好学风、教风、校风的形成。

（四）凝聚作用

一所成功或者说有成就的学校，一般都有一定数员的学科、专业和学术（科）带头人。在学术带头人的旗帜下，凝聚和吸引着一大批教学研究人员，形成相对比较合理的学术分工，组成学术梯队，往往以研究所、教研室或院系的形式出现，形成正面合力。如果没有一个学术带头人，就难以凝聚一批学界青年精英，相应学科的发展势必会受到影响。学术带头人的存在、培养和提高往往会带动一个学科乃至一个学科群的发展，其凝聚人心、凝聚力量的作用不可小觑。

由此可见，学术带头人无论何时何地均有重要作用，在高等院校更加具有举足轻重的影响。

三、认真研究高等院校学术带头人的素质要求

作为高等院校的学术带头人，既要有一般高校学术带头人共同的素质要求，也要有与高职特点相适应的特殊要求。总体而言，主要表现在：

（一）个人品德

学术带头人由教师中的高水平分子组成，首先必须具有良好的师德修养和内涵，要热爱祖国，热爱科学，忠于职守，为人师表。与此同时，学术带头人应有崇高的事业心和强烈的敬业精神，具有开拓创新的勇气和不怕困难、不怕失败、百折不挠的勇气，具有健全的人格和品德。另外，作为学术带头人还必须淡泊名利，立足奉献，具有为科学而献身的精神，为事业而奉献的精神，为团队而牺牲的精神。

（二）专业水平

学术带头人，顾名思义，就是在某一领域具有较深的学术造诣，能够发挥专业技能的人，因此，专业功底扎实是最基本和最起码的素质，学术带头人必须对所从事的专业和学科方向有渊博的知识，对本学科前沿领域的发展有清晰

的了解，同时也有宽厚的基础理论和不断学习、积极进取的习惯；有较强的科研水平与能力，能充分利用现代科学技术、方法进行学习、教学和科研。

（三）能力素质

对于学术带头人而言，创造性思维能力是最为重要的。当今时代是一个创新的时代，创新需要多种能力：第一，要善于思考，会"勤学、多思、常练、会举一反三"；第二，要有发散性思维，发散性思维对符合原则又高于现实的创造性能力而言尤为重要；第三，要有与自己研究领域相关的特殊技能与能力，这是形成富有个性的科研特色所必需的能力，这种能力为他们攻克科研难题提供了机会和条件；第四，要有人际交往能力，这是一个专业带头人能够在工作中与他人合作，形成和谐的人际关系，组织形成科研团队的重要条件。

（四）心理素质

作为学术带头人，必然面临一般教师所没有的心理压力。科研工作需要大量投入，但投入与成效没有正比关系，甚至投入未必有成效，理工科研究领域尤其如此。因此，作为学术带头人，必须性格开朗、心胸豁达，有稳定的情绪、积极的情感，能够在遇到外界变化和内心情感起伏时用理智控制情绪：身处顺境、取得成果时能戒骄戒躁，不断努力进取；相反，能百折不挠，充满乐观和自信，以坚强的毅力，努力争取最终的成功。

当然，学术带头人也是有层次的，也是相对的，正因为这样，对其素质和能力的要求，也是相对的。但需要指出的是，专业带头人毕竟是少数，因此，较高的综合素质是必需的。

四、影响高等院校学术带头人成长的因素

高等院校要形成和培育一大批学术带头人，较之普通本科院校特别是研究型大学而言，会面临更大的困难，这主要是由内外环境因素影响所决定。

（一）自身因素

研究表明，影响学术带头人成长的自身因素主要有：成才动力、学习能力、个人习惯和个人品质。一是成才动力。学术带头人最大的敌人是自己的惰性、满足、自我原谅和自我开脱；最大的失败是大事做不来，小事不想做；最大的损失是等待明天、期待明天、期待下一次。二是学习能力。这是一个广义的概念，既包括从外部世界汲取营养，把握机会和信念的能力；也包括在教学科研过程中自我反思、自我选择、自我调整、自我超越、自我提高的能力。三是个人习惯。这里的习惯既包括工作习惯，也包括生活习惯；既包括学习习惯，也包括科研习惯。克服不良习惯、形成良好习惯是学术带头人必须具备的条件，急于求成要不得，拖拉等待使不得，原谅自我不可得。无论是倾听、学习、思考、调研、写作等教育应该有清晰的思维。科学的调节，合理的安排，最后形成持久的动力，循序推进，取得圆满的结果。四是个人品格。学术带头人的个人品格也会最终影响其成功与否。是否敬业，是否能够与人较愉快的合作，能否有奉献精神，能否建立良好的人际关系等，均非常重要。

（二）内部条件

学校内部也会有影响学术带头人成长和形成的若干因素，其中包括管理措施、学术环境、工作条件和激励机制等。一是管理措施。学校在师资队伍建设方面有没有制定切实可行且有力有效的管理措施，包括工作目标、政策导向、奖励措施、机会提供、条件创造等，它对学术带头人形成会有重要影响。二是学术环境。良好的微观（校内）学术环境，有利于学术群体形成宽松和谐的氛围，有利于知识分子以良好的心态成才成长。尤其是宽容尊重、鼓励创新、荐贤养能的风气，对教师学术带头人的成长更有意义。三是工作条件。一个单位和学校能否给予学术带头人必要的或者优厚的工资、生活条件，也会在一定程度上产生作用力。四是激励机制。从根本上讲,学术带头人的形成需要一个激励机制。在当今条件下, 政策鼓励、舆论引导、经济奖励、考核激励也显得非常重要。

（三）外部因素

学术带头人的成长, 除了个人自身和单位内部激励以外, 社会环境也十分重要。这主要是: 一是经济条件。国家有足够的财力来支持学术活动的开展, 形成一批主要或专门从事学术研究的人才。二是社会条件。全社会形成尊重科学、尊重知识、尊重人才、尊重创造的意识和风尚, 有利于学术带头人成长。三是文化条件。全社会民主化程度较高, 它会为科学研究的开展形成良好的学术氛围, 进而有利于学术带头人的成长。四是舆论条件。一定范围、一定状态下的理论条件和宣传引领, 对学术带头人培养机制的建立也具有重要的作用和巨大的推动力。

（四）特定环境

事实上, 特定的环境对学术带头人的成长也起着重要作用, 这主要有如下原因: 一是工作单位性质和条件。如高校和科研院所比起在行政机关系统, 学术影响就会大一些, 因此更易影响和催生学术带头人。二是学科和专业发展机会。由于业务工作、教学工作开展的需要, 形成了从事科研工作的必要性。某位教师一旦抓住机会, 创造条件, 久而久之, 有可能成为学术带头人。三是大师引领。受大师人格魅力的影响, 也会促进学术带头人梯队的快速成才和成长。四是其他偶然因素, 如某教师做出一点并不大的成绩却受到重视和奖励, 从此形成好的习惯, 久而久之, 产生了积极的效应等。

当然, 学术活动既有偶然, 也有必然, 既有一般, 也有特殊, 学术带头人的形成也一样, 更多的是必然和一般, 但也不排斥偶然和特殊。

五、积极构建学术带头人培养机制

对于高等院校而言，推进学术带头人培养机制建设，既要遵循一般规律，更要发挥积极性、创造性，形成自身的特色。具体来说：

（一）解放思想、更新观念，高度认识学术带头人对学校发展的积极作用

对于高等院校要不要培养带头人的问题，事实上还存在着不同的意见和声音。不仅不同学校之间会有不同认识，同一学校不同领导人之间认识也不尽一致，高度更有差距，力度更有轻重，强度更值得讨论。我们认为，作为一所高等院校，要快速实现办学升格、管理升级，要实现规范、办出水平，要提高质量、提升内涵，抓实专业、课程、办学条件、教风学风、师资队伍、图书信息资料等基本建设，尤其把师资队伍建设作为重中之重，花大力量，用大投入，筑大系统，而学术带头人是其要件之一。

（二）制定目标，工程推进，通过选拔、培养方式推动学术带头人队伍建设

对于一所学校而言，培养和造就一批专业带头人，首先要在统一认识基础上，形成和制定明确的目标，即结合学院发展不同阶段，提出不同的要求，找出相应的行动目标，特别是采用工程管理的方法加以实施和推进。

（三）重点扶持，建立机构，以鼓励奖励为主推动学术带头人的成长

学术带头人培养需要考核评价，需要建立竞争、激励乃至淘汰机制。但是学术研究毕竟是一项艰苦的工作，在当今人生观、世界观、价值观多元的情况下，比较科学有效的方法应该实行精神激励和物质鼓励相结合，政策扶持和考核评价相统一，即以鼓励为主，辅之一定的考核；以资助为主，辅之必要的评价；以创设条件为主，辅之相应的压力催生，从而为学术带头人成长创造宽松的条件。

（四）优化环境，形成氛围，努力让学术带头人感到自豪和荣誉

学术带头人的工作是一项高强度的工作，往往不是一项立竿见影的工作，需要宽松的条件、宽容的态度、宽厚的氛围。作为一个单位尤其是单位的领导人，一定要尊重人的个性，倚重人的德能，重视人的发展。以人为本，尊重知识，尊重劳动，尊重创造；鼓励创新，允许试错，宽容失败，为学术带头人成长、发展和工作创造极好条件，崇尚和支持、鼓励成名成家，使学术带头人不仅有荣誉感，而且有成就感、幸福感。这样，创新、创造和成果会源源不断，成长也会更加宽松。

第二节 高等院校青年教师队伍建设

一、青年教师成长目标：基于宏观的要求

青年是祖国的未来，也是高等教育的未来，作为从事高等教育的师资队伍建设，特别是青年教师培养，其宏观目标指向应该是：

（一）高扬师德旗

教师是人类灵魂的工程师，应该有良好的师德风范和职业道德规范。敬业爱岗、忠诚学校、热爱学生，应该是教师的基本师德。自觉地按照社会主义核心价值的要求，用马克思主义中国化成果武装自己，坚定中国特色社会主义理论信念，弘扬爱国主义、民族精神和时代精神，模范遵守社会公德和教师职业道德规范，应该是其重要操守。

（二）过好教学关

教学是教师最基本的功夫，熟练把握课程教学，熟悉课堂教学技巧，熟知课外活动引领，更应该是青年教师认真研究的重点，从某种意义上说，能否担负起一两门主要课程的教学工作，并在课堂上发挥较强的作用，应该是一个青年教师开展工作的最基本要求。

（三）练就科研功

人才培养、科学研究、社会服务是学校的三大功能，也应当是教师的三大职责，具体到个人身上会有不同的侧重。但对于一个青年教师来说，科研功夫和能力会是其成才成长成功成名的必要因素，从某种意义上说，它会起重要和决定性作用，因此，科学研究的方法、技巧、功底应该修炼。

（四）提升育人力

教书和育人是人才培养的基本功夫，在一线教学中深化育人，在机关工作

中推进育人，则是教师的重要使命。教书育人虽是一个整体，但也具有不同技巧和方法，作为育人的要求，也有规律性可探，更有具体工作可做。学习青年学、心理学、社会学，掌握工作技巧和方法，则会起到事半功倍的效果。对于青年教师而言，从事班主任、辅导员等一线工作，也许更受锻炼、更有意义。

（五）形成服务能力

高等教育的特征是开放办学、校企合作，培养的人才是面向一线，联系实际。在这种情况下，青年教师既要在教学过程中与行业企业取得联系获得经验，也要在联系实际过程中形成服务的能力和水平，尤其是如何了解行业企业的发展变化、发展信息、发展资源，充分运用自身的知识、能力和素养，增强服务行业、企业的能力和水平，为行业、企业发展做贡献。

（六）修得发展果

每一名青年教师应该努力从实际出发，结合自身优势和特点，充分利用执教课程、从事专业的有利条件，形成自己的特点，培育自己的特点，形成自己有特色的成果，在较快的时间内修得发展果，作为自己职场成功的胜利之果、幸福之果、甜蜜之果。

二、青年教师成长指向：基于微观的思考

在学校，青年教师是最为活跃的群体，也是最富生命力的群体，青年教师往往也是承担最繁重、最艰巨任务的群体，在培养阶段挑大梁，在成长过程中担重任是其基本特征，正因为这样，作为青年教师成长规律而言，具有以下特征：

一是讲好一门课程并力争成为优质精品课程，这是青年教师必须顺利达到的标准，必须合格，争取优秀。二是带好一个班级并努力成为学风示范班级，这是青年教师育人工作水平的重要标志和体现，也是青年教师在教书育人岗位上立足的基点之一。三是形成一批成果并争取成为优质成果，这是青年教师多

出成果，出好成果，尽快显出个人才华和业绩的彰显之处，也是教师职场成功的主要标志之一。四是融入一个专业并尽快成为中坚力量，这是适应高职教育特点和要求，充分发挥青年教师作用和才能的重要途径和平台，也是青年教师进一步发展的基础。五是加入一个团队并努力成为骨干，这就要求青年教师融入集体，把握机会，并积极争取机遇，使自己在团队中发挥作用。六是结对一个企业并努力成为紧密型合作伙伴。这是青年教师适应高职教育特点和要求，加快理论联系实际，推进校企合作、工学结合的重要途径，也是青年教师拓展渠道、全面发展的条件和路径。

三、青年教师培养理念：基于宏观的设计

青年教师是中国高等教育现有教育工作的承担者，也是未来发展重任的担当者，应该加大青年教师培养力度，增加锻炼机会，拓宽使用渠道，当然，更应该有具体路径和发展设计。笔者以为，从高等教育教师要求看，重三历、强三化是最基本的。

（一）重三历

1. 企业经历。高等教育的要求，强调的是理论与实践相结合，培养的是高素质技能型专门人才，应用型、技能型、操作型是基本特征，因此，作为青年教师尤其是专业课教师，其从事行业企业工作的经历是非常重要的，因为有经历才会有感受，有感受才会有感悟，有感悟才会促进教育教学。

2. 育人履历。育人是教师的基本功，也是教师的基本职责。育人的履历会增进教师对学生的了解、理解和热爱，进而改进、优化和提升教学工作，促进教育教学水平的提高，从某种意义上说，也有利于解决教与育的矛盾。

3. 博士学位。博士学位既是一个要求，也是一个象征。它实际上要求教师具有扎实的理论修养和功能，具有较强的分析问题、解决问题的能力，较扎实

的学术规范和基础，即深厚的基础积淀。只有这样，才能实现"要给学生一杯水，教师必须有一桶水"的要求。

（二）强三化

1. 职业化意识。教师必须有较强的适应专业特点的职业化意识，并有实践感知。

2. 信息化能力。当今社会是知识化、信息化时代，掌握信息化途径，学会信息化本领，既是教师从事教学工作的基本条件，也是教师与学生交流和获取知识信息的重要途径，从而成为教师的基本功。

3. 国际化视野。高等职业教育面向实际接轨国际，培养的学生具有处理中国具体工作的能力并具有国际视野，应该是基本目标，这就要求青年教师学在前列，走在前列。

四、青年教师培养方法：基于微观的方案

建设一支素质精良、数量充足、结构合理、适应发展的青年教师队伍，既是各学校的具体任务，也是整个战线的工作要求；既是教育发展的要求，也是开展人才工作的重要内容，必须通过科学的方法加以推进，具体思路是：

（一）舆论引领

必须从舆论上加强对青年教师队伍建设重要性的认识，形成加快建设一支高素质青年教师队伍的舆论氛围，形成有利于青年教师早挑大梁，快速成长，脱颖而出的人文环境，鼓励和引领青年教师勇立时代潮头，勇担发展重任，勇做业务尖兵。

（二）工程推动

对青年教师的培养，无论是人事部门、科技部门还是教育部门都应该研究并争取有力有效措施加以推进，而对于各类学校而言，更应采取建设工程加以

促进，用中老年教师结对培养青年教师的方法；青年教师国际化工程即鼓励青年教师强化外语以了解国际，提升教师双语教学能力和国际文化交流能力的办法，又如青年教师博士化工程、资助青年教师攻读博士学历的方法等，实践证明这是非常有效的。

（三）组织培养

青年教师培养既需要本人自觉和主动作为，也需要工程来推动和促进，也离不开组织部门有计划、有步骤地进行培养，划拨专项经费，建立专门组织，采用专门方法培养和造就高素质青年教师队伍，这既是组织人事部门的职责，也是教学科研工作部门的使命。

（四）自我修炼

从本身意义上讲，青年教师的提高和成长，也应该是教师自己的事，如果没有教师的自觉和修炼，没有自身的热情和能力，外部的力量可能也是有限的，外因只有通过内因才起作用。激发青年教师的事业心和进取精神，应该是共同的责任和追求。

（五）考评促进

实践证明，建立科学有效的考核机制，既是培养青年教师的有效路径和方法，也是解决青年教师培养有效性的科学路径，在青年教师一线开展比、学、赶、帮、超活动，开展评比达标考核活动，一定会在很大程度上促进青年教师培养工作的高效开展。

（六）鼓励超越

从人文环境建设上说，我们应该打破论资排辈、按资历论贡献的传统做法，解放思想，开拓创新，积极创造条件，鼓励青年教师快速成才。为此，既要为青年教师常规发展铺路，也要为青年教师超越发展搭桥，更要为青年教师特别发展设专线，形成比学赶帮超、万马奔腾的繁荣局面。

第三节 高等院校师德教风建设

教育部和全国科教文卫体工会颁发的《高等学校教师职业道德规范》从高校教师与国家、社会、学生之间的关系，以及教育教学行为、学术研究行为、社会道德责任等方面规范了高校教师的职业道德行为，提出了明确的倡导性要求和禁止性规定。这使得包括高等院校在内的全体高校教师有了统一的师德规范和行为准则。但由于高等教育在其人才培养目标和教育规律上具有特殊性，因而高等院校师德教风建设必须从实际出发，体现职业教育的特点。

一、高等教育实际需要教师更富于爱心和责任心

（一）高等人才培养目标要求教师强调爱生

教师的工作对象是有血有肉、有情感、有意识的人。热爱学生是教师所特有的职业情感和道德义务，是良好师生关系建立和发展的坚实基础。爱护学生的情怀不同于一般的人与人之间的情感，它来源于教师对教育事业的深刻理解和高度的责任感，来源于对教育对象的正确认识、满腔热情和无限期望。关爱学生，就是要了解和理解学生，尊重和信任学生，严格要求学生，客观公正地对待学生，关心学生的思想、学业和生活。

（二）高校师资队伍现状要求教师增强教书育人责任

根据调查了解，部分教师工作责任心不强，存在着与高等职业教育要求不相适应之处。如有的教师在教学上精力、时间投入不足，备课不认真，照本宣科；授课很随意，讲到哪儿算哪儿，随意更改教学安排；陶醉于自我讲授而与学生互动不够，全然不管下面学生有没有在听讲；对学生课堂纪律要求不严，对学生不良行为表现放任自流，疏于管理；与学生交流很少，没有把教书与育人很好联系起来，上完课后基本上不与学生接触，等等。高等院校教师对教学要报

以更大热情和对学生的更多关爱，悉心指导和帮助学生完成学业，使之成长为高素质的应用型职业人才。

（三）高等院校科研状况要求教师强化学术能力

科学研究也是高等教育的重要职能之一，学术水平对高等教育的质量提升和教师素质的提高具有毋庸置疑的重要影响。对此，高等教育界已形成共识，这些年各高等院校也在大力开展。但必须看到，高等院校的学术氛围、学术团队、学术研究水平，以及学术成果等状况依然薄弱。教师科研能力的提高面临着一些困难，如学科性研究缺乏本科院校那样与教学内容比较一致的学术背景，深化拓展不易；高等教育研究作为新的研究领域尚未确立成熟的研究范式和深厚的资料积累；教师特别是年轻教师深感教学任务重，科研压力大，缺乏学术引路人指导、学术团队依托和学术思想交流平台，高层次课题和研究项目获取难，缺少学术素养积淀和职业业务实践经验，等等。在强化科研工作，着力提高学术能力，争取早出成果，多出成果的目标下，要求教师摒弃学风浮躁、治学不够严谨现象，恪守学术规范，尊重他人劳动和学术成果，坚决抵制学术失范和学术不端行为显得尤为重要。

二、实施高等院校师德教风提升工程

师德素养的提升离不开教师正确认识加强师德修养的重要性和对师德规范的自觉自愿履行，但师德师风建设并非是一朝一夕就能见成效的，必须建立长效机制和切实可行的载体。实施师德提升工程是高等院校师德师风建设开展的必经路径。

（一）加强师德规范教育学习，崇尚师德修养

通过多种形式深入学习《高等学校教师职业道德规范》，促使广大教师全面理解《规范》的基本内容，使师德规范成为广大教师普遍认同和自觉践行的

行为准则。将学习师德规范纳入教师培训计划、教师传帮带"竹篮工程"，作为新教师岗前培训和教师在职培训的重要内容。通过岗位培训、职业道德教育、教育法、教师法等相关知识的学习，采取集中学习与日常工作相结合、师德师风教育与业务活动相结合等不同方式，不断增强广大教师的理论素养和职业教育认同感。通过师德师风的典型宣传，挖掘在岗教师在师德师风方面的先进事迹、感人故事，重视用身边的人和事带动人、影响人、教育人、鼓舞人，使教师明确自己的工作职责和任务，自觉把更多的精力投入到教书育人的工作中来。

教育学习只是手段和途径，提高思想认识，形成稳固的注重师德修养的思维习惯、自觉按师德的要求行事才是关键和根本目的。因此，要着力引导教师自觉践行社会主义核心价值体系，崇尚师德修养，弘扬高尚师德，增强教书育人的责任感和使命感，牢固树立奉献教育、关爱学生，在高职教育岗位建功立业的理想追求，忠诚于党的教育事业，恪守教师职业道德和学术道德，力行"爱国守法、敬业爱生、教书育人、严谨治学、为人师表、服务社会"的师德规范。以强烈的道德责任感维护道德的严肃性和正义性，以高尚的道德情操和崇高的精神境界去感化学生的心灵。全身心地投入教学与科研，做到率先垂范、言传身教，以良好的工作作风去影响学生的学风，以学识和人格魅力去感染教育学生。

（二）建立健全师德教风考核评价制度

职业道德具有行政约束性、纪律性，提升教师职业道德素质需要教师自觉修行，也离不开制度约束。学校应结合高等院校实际和高等教育发展规律和特殊要求，制定《规范》实施细则和师德师风考核评价制度，作为教师必须遵守的行为指南。将师德纳入教师考核评价体系，并作为教师绩效评价、聘任（聘用），以及各级各类评优奖励的首要标准，严格执行"一票否决制，将《规范》作为师德考核的基本要求，结合教学科研日常管理和教师年度考核、聘期考核全面评价师德表现。及时发现和纠正教师中存在的师德师风问题，对师德表现不佳的，及时劝诫、督促整改；对师德表现失范，严重损害人民教师的职业声誉，造成不良后果的，依法依规予以严肃处理。表彰激励先进模范，对师德表现突出的，予以重点培养、大力宣传和表彰奖励，激励广大教师自觉遵守师德规范，树立高校教师良好职业形象。"

（三）构建师德教风建设协同机制

师德素质与教师职业行为密切相关，体现在教书育人、学术研究、社会服务工作的方方面面和全过程，师德师风建设还必须与学校各项工作相结合，构建各种类型协同机制。如建立校系（院）两级师德师风建设工作机制，成立领导小组，开展师德师风调查研究、师德风险检查评估、师德教育活动，了解教师的思想、工作和生活状况，听取师生意见建议，及时研究解决问题，制定落实相关措施以改正和加强。充分利用现代信息技术，构建网络交流互动平台，倡导教师与领导、教师与教师、教师与学生之间及时进行沟通、交流和反馈。持续实施青年教师、辅导员青蓝工程，细化疗蓝工程实施办法和考核评比方式，让优秀老教师的人格魅力和师德素养潜移默化地影响和带动青年教师。提倡新老教师加强思想沟通和业务交流，鼓励青年教师钻研教学艺术，提高教书育人责任心和教学能力，完善教学督导机制，加强课堂教学质量评估和教风评价，将师德评定结果纳入教师业务考核，并与年度业绩津贴直接挂钩，作为岗位聘任、技术职务晋升和奖惩的依据。关注对备课、教案撰写、课堂授课、作业批改、考试组织、学生论文和社会调查指导等教学工作各环节与过程，以及学术行为、科研作风中师风状况和师德表现的考察评价，探索师德师风量化考核指标体系建设，拓宽师德师风评价渠道。开展以师德为主题的教育，校园文化品牌建设，倡导崇尚师德修养文化，营造"以人为本"的人文环境。关心教师工作和生活，维护教师切身权益，满足教师发展需求，为教师创造"多用武之地，少后顾之忧"的工作条件。积极营造良好的师德教风建设氛围，为教师在教书育人、教学科研等方面建立健康向上的上下级关系、同事关系、师生关系，培养教师的主人翁意识、大局意识和责任心，促使教师在学校事业发展中成就自我。

第三章　高等院校管理队伍建设

第一节　高等院校辅导员队伍建设

在我国高校，辅导员是一个特殊的职业群体，他们具有教师和管理者的双重身份，既是高校教师队伍的重要组成部分，也是高等学校从事德育工作、开展大学生思想政治教育的骨干力量，是大学生日常思想政治教育和管理工作的组织者、实施者和引导者，是大学生健康成长的指导者和引路人。其地位身份之特殊、责任使命之崇高，足以说明建设好这支队伍的重要性。

一、高等院校辅导员队伍的职业特性

（一）高等院校辅导员工作的主要内容及其相互关系

辅导员是高等学校教师队伍的重要组成部分，是高等学校从事德育工作、开展大学生思想政治教育工作的骨干力量，是大学生健康成长的指导者和引路人。

1. 高等院校专职辅导员是大学生思想政治教育和日常管理工作的组织者和指导者。高等院校专职辅导员工作在学生思想政治教育的第一线，大学生的日常思想政治教育主要由他们来组织实施和引导。组织学生学习中国共产党的光荣历史，培养学生的爱国主义精神的是专职辅导员；培养学生崇高的民族自豪感和自信心的是专职辅导员；引导学生关注时政时事和国家建设，了解我们国家和社会现实的也是专职辅导员；指导学生党支部和班委会的建设，培养学生党员和学生骨干的同样还是专职辅导员。

2. 高等院校。职辅导员是学生成长成才的导师。高等院校是培养社会急需的高层次应用型人才的地方，其核心是塑造人的教育。大学时期，是青年学生完成世界观、人生观和价值观的定型时期。专职辅导员所要起的作用就是在学生世界观、人生观、价值观形成和变化的关键时期，发挥重要的教育和引导作用，解决青年学生在成长过程中遇到的各类问题，为学生指明正确的发展方向，促进学生的人格完善和成长成才。

3. 高等院校专职辅导员是大学生最值得信赖的朋友。高等院校的专职辅导员要成为学生健康成长过程中最值得信赖的朋友，只有和学生成为朋友，深入学生当中，方能了解学生的生活、学习和思想状况，学生才愿意与之进行交流和沟通。这样，专职辅导员才能真正影响学生、引导学生，才能成为大学生的人生导师，才能更顺利地完成大学生的日常思想政治教育和管理工作，在这几个层次的工作内容中，学生思想政治教育是辅导员的核心工作，学生成长成才指导是主体性工作，学生日常事务管理是基础性工作。

（二）高等院校辅导员工作的主要特征及其关系

从上述三个方面的内容可以看出，高职院校的辅导员工作的对象是大学生，因而决定了其工作性质具有以下三个特征：

1. 对象的善变性。即辅导员面对的是一个个不同的具有特定价值倾向且处在不断变化和发展之中的大学生，后者的善变性和可塑性决定了辅导员职业的挑战性和创造性，同时也对辅导员的思想境界、教育理念、教育能力、工作艺术提出了更高的要求。

2. 内容的复杂性。辅导员工作千头万绪、纷繁复杂，辅导员不仅是大学教育的重要力量，而且是各种教育要素的协调，既要把握校内教育资源，又要整合社会与家庭教育资源。

3.影响的长效性。辅导员的工作方法是多种多样的，对大学生成长的影响也是多方面的，既需要丰富的学识智慧濡染，又需要自身的人格感召，辅导员与大学生的交往也是相互的或者是双方乃至多方互动的，其工作机理在于潜移默化、长效促进。

（三）由工作内容和性质提出的辅导员素能要求

由上述辅导员的工作内容和性质分析可知，辅导员须具备教师和管理者的双重素质和能力。具体来说，主要应做到：

1.高学历。这是其具备渊博知识和丰富智慧的一般前提条件，也是赢得大学生信任的主要前置内涵，自然也是做好辅导员工作的重要因素。同时，这里所说的高学历乃是相对于辅导员的工作对象而言的较高学历，不应单纯理解为片面追求高学历甚至最高学历。

2.高素质。辅导员工作主要是做人的工作，其行为规范、道德品行、言语能力、奉献精神等都是十分重要的，缺少了高素质，辅导员工作一定做不好。

3.高水平。它需要有经验和知识的积淀，也需要有处理复杂问题的技巧和艺术，辅导员要善于发现问题、分析问题、解决问题，有能力推进系部、专业学生面貌既健康向上、生机勃勃，又保持平衡有序。

二、当前高等院校辅导员队伍面临的挑战

（一）人员配置失衡，队伍整体素质较低

从高等院校专职辅导员队伍自身状况看，其学历职称总体不高，本科学历，初级职称仍然是这支队伍的主体。高等院校的专职辅导员队伍无论在学历还是在职称上与专任教师相比还存在不小的差距，距离向职业化、专家化方向发展的目标仍然任重道远。同时，专职辅导员自身的一些问题也应当引起重视。专职辅导员队伍中，出身于心理学、教育学、伦理学、政治学、社会学等相关学

科背景的偏少，由于没有扎实的学科理论功底，实际工作中难以在方法论上进行深入探索，从而无法向学生解释清楚现实中的一系列新情况、新问题。近年来高等院校的专职辅导员数量猛增，引进的基本上是刚毕业的应届毕业生，加上辅导员岗位人员流动性大，队伍整体呈现年轻化态势。年轻辅导员政治上的不成熟，对复杂的思想政治教育力不从心。

（二）发展通道受阻，具体事务庞杂

有数据显示，75% 的专职辅导员明确表示在工作中压力较大，14% 的人认为压力非常大。调查中，当问到在工作中遇到的最主要的三个问题是什么时，排在首位的是个人发展前途与出路，占 78%；其次是事务性工作与专业理论提升相矛盾、工作负荷过大，分别占 60%、53%。

而高等院校的专职辅导员的工作压力主要来源于以下方面：自身发展前途与方向、工作量大、工作职责不清，分别占 66%、53%、47%，还有其他一些因素也使得辅导员在工作中感受到压力的存在。如学生思想观念日益复杂多元、工作中的突发性、应急性事件等。

（三）工作体系不健全，管理制度不完善

通过问卷分析可以看出，学生工作体系不健全，付出与所得的薪酬待遇不对称，学校缺乏周密详细的专职辅导员培养、培训项目及实施计划，专职辅导员很少有机会参加专业进修，单位对专职辅导员的工作业绩评价、考核不公正、不合理，工作经常受到非职责范围内事务的干扰，烦琐的事务影响了个人业务的发展等，在一定程度上影响了专职辅导员工作的积极性。

三、影响高等院校辅导员队伍建设的主要因素

导致高职院校专职辅导员队伍建设存在问题的因素很多，具体来说，主要有以下几个方面。

（一）专职辅导员的职业准入制度不严

根据职业要求，高等院校的专职辅导员应该具备较高的思想政治觉悟，其专业知识背景应与辅导员的岗位要求相适应，如心理学、教育学、思想政治教育等，同时还要具备与辅导员工作相匹配的职业素养和职业能力。但是在选拔招聘专职辅导员时，几乎所有高等院校都把"是否毕业于重点高校"作为应聘人员的素质考察标准。一旦人员确定，对其进行简单的工作培训后就认定其达到了上岗标准，至于所应聘的人员是什么专业背景、其能力是否达到辅导员工作的要求则被放在次要位置。

在职业规范方面，随着时代的进步与高等教育的发展，高校学生工作实际对专职辅导员的职业能力和综合素质的要求也越来越高。为应对形势的需要，当今的专职辅导员不仅要知识渊博，而且其人格魅力也一定要强，专业技能也一定要过硬。

（二）高等院校专职辅导员培训工作薄弱

要提升专职辅导员队伍专业水平和业务能力，对专职辅导员开展不同层次和类型的培训是一个重要途径。高等院校对专职辅导员培养培训工作薄弱，是导致队伍整体水平不高的一个主要原因。

在实际工作中，高等院校对专职辅导员的培训普遍缺少针对性和系统性，无法做到像对待专业教师那样，将专职辅导员的培训纳入学校师资提升规划之中大部分情况下，当专职辅导员意识到知识的匮乏时，只能通过自学来实现"自我提升"。但由于日常事务太多太杂，绝大部分专职辅导员又无法做到全身心地投入自学。鉴于此，部分辅导员会自觉不自觉地放松政治理论及有关专业知识的学习，致使自己的政策理论水平偏低，实际工作能力无法有效提高。当学生提出的一些政治思想或其他方面的问题时不能有效地运用科学的理论去引导和说服，也不能与时俱进地对学生的学习生活给予有力的指导，这些往往会使得专职辅导员在学生中的影响力、威信、说服力受到削弱。

（三）高等院校专职辅导员业内发展机制缺乏

目前，高等院校专职辅导员队伍建设中出现的问题，绝大多数是因为专职辅导员业内发展机制缺乏导致的。一是身份不明确，尽管教育部明确规定，辅导员具有教师和干部的双重身份，实际上，相当部分高等院校对辅导员的身份归属仍比较模糊，把他们等同于教辅人员和管理人员，其教师身份在校内难以得到认同。二是职责不明晰。辅导员承担着学生政治思想教育，日常事务管理和大量行政工作，直接导致辅导员"几手都在抓，几手都没硬"。辅导员承担角色多，职责跨度大，工作战线长，一方面让他们对工作应接不暇、疲于应付，产生职业倦怠和工作盲目性，另一方面繁重的工作也让他们失去继续学习的条件和动力，导致辅导员队伍后劲不足，作用发挥不理想。

四、对加强高等院校辅导员队伍建设的整体思考

加强高等院校专职辅导员队伍建设，是一项复杂系统的工程，要做好高等院校的专职辅导员队伍建设工作，就得从合理配置并优化专职辅导员队伍的结构、建立卓有成效的专职辅导员队伍激励制度、健全专职辅导员的培训体系等方面着手，强化对专职辅导员的科学化管理。

（一）合理配置并优化专职辅导员队伍的结构

高等院校的专职辅导员是学生在校期间寻求指导最多、联系最为紧密的人群，所以高等院校要针对当前高等教育的发展实际，按照德才兼备和精干的原则，合理配备一线专职辅导员的数量，并要优化这支队伍的结构。

1.保证专职辅导员的数量。高等院校的专职辅导员和学生的比例至少达到1∶200，要严把进入关。由于近年来高等院校人事管理制度的多元化，使高

等院校专职辅导员的来源不再局限于单一的渠道，形式是多种多样的。专职辅导员的"进口"渠道多了，如果不严格把好关口，势必会鱼龙混杂，降低专职辅导员队伍的质量。因此，我们要优化高等院校的专职辅导员队伍，至关重要的是要把好"进口"关。在把住进口的同时，还要开通"出口"，对于工作业绩不佳，经实践检验不适合辅导员工作的人员能够及时调整出去，形成"能上能下、能进能出"的良性机制。

2. 严格专职辅导员的准入制度。高等院校要在源头上把好专职辅导员队伍的人口。在招聘专职辅导员时，应按照德才兼备的宗旨，坚持公平、公正、公开的原则，遵循政治强、业务精、纪律严、作风正的素质要求从品学兼优的高校毕业生、优秀青年教师中选拔、培养专职辅导员，以保证这支队伍的总体素质。

3. 要把握专职辅导员队伍的五个结构。高等院校要在专业、学历、职称、年龄、性别等方面把握好专职辅导员队伍的五个结构。第一是专业结构。因为高等院校的学生思想政治教育和日常事务管理工作是一门科学，它涉及思想政治教育、心理学、社会学、伦理学、教育学和管理学等众多专业领域，这就需要从事该项工作的专职辅导员必须具备上述学科的专业背景。第二是学历结构。随着高等教育的不断发展，学生的思想观念日趋多元，学生思想政治教育及日常事务管理工作迫切需要高学历的专职辅导员加入，因为高学历的专职辅导员不仅能更深刻地分析、探讨、研究学生的思想政治工作，而且还能在学生中更好地树立威信。第三是职称结构。高等院校应创造条件打破专职辅导员职称评审的瓶颈，形成高中低梯次合理的专职辅导员职称结构，因为合理的职称结构能在具体的工作中发挥高职称辅导员的"传、帮、带"作用，促进低职称辅导员的快速成长，同时，搭配合理的职称结构也是。职辅导员队伍综合实力的体现，有利于维护专职辅导员队伍的稳定。第四是年龄结构。实际工作中，不同年龄段的专职辅导员有着不同的工作特点，因为年龄不同，其阅历和经验也各有不同。比如年轻的辅导员思维活跃、观念新颖、工作有激情，且容易和学生打成一片，工作年限久、年龄稍长的辅导员经验丰富、见多识广，当面临复杂问题和突发事件时，他们能巧妙应对，周到处理，因为年龄的关系，年长的辅导员在工作中更容易让学生信服。第五是性别结构。随着社会观念的不断变化，家长对子女教育的重视程度越来越高，在高等院校里，女大学生的数量和规模在逐年增长，在有些高等院校，女学生的数量甚至大大超过男学生的数量，成为校内的学生主体。这在一定程度上改变了以往学生思想政治工作的内容和方式。同时由于女性在生理、心理上的特有性质，高等院校必须在专职辅导员的性别结构上予以合理设置，以便在实践中更好地开展学生的思想政治教育与日常事务管理工作，提高辅导员工作的针对性和实效性。

（二）建立卓有成效的专职辅导员队伍建设激励制度

1.打通专职辅导员的职称评审瓶颈。因为专职辅导员角色和岗位性质的特殊性，高等院校应将专职辅导员列入教师编制，实行教师职务聘任制，在职称评定方面给予适当倾斜。专职辅导员可以申报政工系列、教师系列和研究系列职称，侧重于考核思想政治素质和工作实绩。高等院校要根据自身所具有的评审权和有关政策规定，组织专门的思想政治教育职称评审组织，负责专职辅导员的职称评审、推荐工作。在专职辅导员的职务聘任中，要充分考虑思想政治工作实践性强的特点，重视考核思想政治素质、理论政策水平及从事思想政治工作的实绩和能力。

2.明确专职辅导员的出路和待遇。高等院校要关心专职辅导员的工作、生活和出路，认真落实有关政策，从制度上解决好他们的职务、职称、待遇、发展等问题；完善专职辅导员的评优奖励制度。将优秀专职辅导员的表彰奖励纳入各级教师、教育工作者表彰奖励体系中，按一定比例评选，统一表彰；要树立一批专职辅导员工作先进典型，宣传他们的先进事迹，充分肯定他们在大学生思想政治教育中的贡献；专职辅导员的岗位津贴要纳入高等院校内部分配体系统筹考虑，保障专职辅导员的实际收入与学院同级别、同层次的专任教师的实际收入水平相当；专职辅导员应享受所聘岗位的岗位津贴；高等院校在院内教职工福利方面，专职辅导员应与本院相同资历、相应职务的专任教师享受同等待遇；高等院校要统筹规划专职辅导员的发展出路。凡在专职辅导员岗位上工作满一定年限的人员，根据工作需要、本人条件和意愿，应有计划地做好他们的"提、转、留"工作。

（三）建立健全专职辅导员的培训培养体系

高等院校需关心专职辅导员的成才成长，加大对这支队伍的培训培养力度。要通过发挥学校内部学生工作经验丰富的老教师的传帮带作用，积极创造有利于专职辅导员开展工作实践和研究的教学科研条件，同时要坚持培养和使用相结合的原则，促进专职辅导员队伍的整体水平提升。

1. 实施辅导员"青蓝工程"

实施辅导员"青蓝工程"，通过开展指导教师与新辅导员结对子活动，发挥指导教师的传帮带作用，使辅导员尽快提高自己的职业道德、学生工作能力和管理水平，建设一支政治思想好、师德高尚，具有严格的科学态度、团结合作、创新进取精神的辅导员队伍，使他们在辅导员岗位上由合格进步到胜任，由胜任进步到优秀。"青蓝工程"中的青方是指新进校从事专职辅导员工作的青年教师，蓝方是指具有丰富学生工作经验的教师和管理干部。

"蓝方"的主要职责：（1）帮助辅导员提高政治思想素质和敬业精神，增强其工作能力、社会适应性和社交能力。（2）点评指导辅导员所开展的学生管理工作，指导辅导员开展重大、疑难的学生工作，帮助辅导员尽快提高学生管理工作水平。（3）帮带期为2年。"蓝方"的聘任条件：①具有良好的职业道德和思想情操，为人师表，踏实工作，有积极进取的精神。②具有中级及以上职称，至少在本校担任过一届班主任工作且考核及格及以上者或从事学生工作2年以上的相关人员。

"青蓝工程"实施措施：（1）"青蓝工程"由学生处负责组织实施和考核。（2）每名新辅导员由所在系或学工部推荐指定一名指导教师。个体"青蓝工程"的培养计划由系部负责制订，并具体落实。（3）各系（部）负责对本系"青蓝工程"实施情况进行定期抽查和期终验收。（4）每学年末全院组织开展总结评比活动。（5）帮带期满经考核合格以上者，学院视考核结果，给予指导教师一定数额的奖励，被培养的新辅导员表现优秀者，学校同样需要给予一定奖励；经考核不合格将不予聘任或解除聘用协议，蓝方视同班主任或任学生导师考核不称职。

2. 加大专职辅导员队伍培训培养力度

（1）坚持培养和使用相结合的原则，加强对专职辅导员的培养和提高。高等院校坚持培养和使用相结合的原则，加强对专职辅导员的教育和培养。通过组织经验交流、提高学历层次、定期培训、外出进修、参观考察等多种形式的培养教育活动，不断提高他们的政治理论素养和政策水平，增强敬业精神，努力提高组织管理工作水平和工作技能。要将专职辅导员的培养纳入学校师资培训规划和人才培养计划，享受专任教师同等待遇。

（2）建立长效性的培养制度，切实促进专职辅导员队伍的整体水平提升。高等院校要建立长效培养制度，对专职辅导员定期进行培训，如岗前培训、日常培训、专题培训、更新知识培训等各种形式的岗前培训和在岗培训，培训内容主要包括马克思主义基本理论、时事政策、管理学、教育学、社会学和心理学，以及就业指导、学生事务管理等方面的知识和技能。对专职辅导员的培训要纳入学校的师资培训规划，由组织部、人事处及学生工作部负责实施。原则上每年对个职辅导员队伍至少进行一次业务培训，对新从事学生工作的专职辅导员进行一次岗前集中培训，每年与省内外院校进行校际交流1—2次，每两年组织一次省外学习考察。

第一，岗前培训制度。在新选聘的辅导员上岗前，高校要组织专业人员或资深辅导员对新参加工作的专职辅导员进行岗前培训，让他们了解学院的一些基本情况和学生管理工作的具体情况。专职辅导经过培训满足基本要求，取得合格证书，方可上岗工作。

第二，学生工作例会制度。院校每月要召开1—2次由各二级学院党委书记（分管学生工作的副书记）或专职辅导员参加的学生工作例会，在会议上，要结合当前实践，加强时事培训，让专职辅导员了解更多的现行政策及管理条例，以会代训，通过例会学习文件、研究问题、布置工作等，进而让专职辅导员更好地了解学生工作的管理规定。

第三，专题培训制度。通过座谈会的形式或者讲座的形式开展培训，围绕某一学生管理工作主题，让与会的座谈人员进行经验交流，总结模式；另外还可以通过讲座形式，邀请有关专家开展专题讲座，加强专职辅导员对有关领域专业知识的了解和学习。

第四，在职学习与进修培训制度。高等院校支持专职辅导员在做好大学生思想政治教育工作的基础上在职攻读相关专业学位，鼓励和支持专职辅导员成为思想政治教育工作方面的专门人才。选拔优秀专职辅导员脱产攻读相关的硕士、博士学位，实现骨干队伍向思想政治教育和学生管理的职业化、专家化方向发展。专职辅导员工作满一定年限后，学校要有计划地安排他们一定时间的脱产、半脱产培训进修。此外，学校还需要选派一定数量的专职辅导员进行业务培训，比如心理咨询师培训、职业指导师培训等等。

当然，有条件的高等院校应设立辅导员培养发展基金，每年划拨一定专项经费，用于专职辅导员的培训学习。辅导员培养发展基金的管理和使用由学生工作部统一负责，根据学校计划和各二级学院申报的项目给予资助。各二级学院必须根据部门实际设立专项经费用于专职辅导员的培养提高。

3. 创造专职辅导员结合工作实际开展教学科研的条件

由于专职辅导员所从事的学生思想政治教育与日常事务管理是一门科学，所以高等院校要充分依托本校思想政治教育学科的资源优势，鼓励和引导专职辅导员挂靠思想政治教育或人文素质与职业素养教研室，为专职辅导员的专业化和职业化发展提供学科支撑。同时，要创造条件支持一线专职辅导员开展与实际工作有关的实践性研究，推动专职辅导员队伍由"埋头苦干型"向"实践—研究型"转变。条件成熟的高等院校最好能为专职辅导员配备专门的导师，通过一对一指导来提升辅导员的理论素养和科研水平等。高等院校要把学生思想政治教育与管理的研究纳入哲学社会科学科研管理范畴，规范管理。充分发挥学校思想政治工作研究载体的作用，为专职辅导员开展研究工作提供平台。学校要划拨研究专项基金，运用招标和委托的方式，就大学生思想政治教育中迫切需要解决的若干重大问题，支持专职辅导员开展应用性、前瞻性课题研究。支持和鼓励专职辅导员承担大学生思想道德修养与法律基础、形势政策教育、心理健康教育、就业指导等相关课程的教学工作，并合理核定其工作量。把专职辅导员开展教学和科研的情况作为年度考核和职称评定的重要依据。

总之，要培养出既有过硬的思想素质又能适应时代发展需要的应用型技能人才，从事高等学生管理的一线专职辅导员责无旁贷。在大力推进素质教育和加强大学生思想政治工作的今天，迫切需要建设一支思想品德过硬、专业素质扎实、工作能力和敬业精神较强的适应高职学生管理的长效性的专职辅导员工作队伍。

第二节 高等院校班主任队伍建设

中国的高等学校不同于欧美高校，欧美高校实行的是书院制，而我们则实行"院—系—班级"三级体制，同时，中国的高校特别强调学校的教书育人职责，因此，一般而言，各高等学校都根据中央的规定配备有足量的思想政治教育辅导员（简称辅导员）。与此同时，各学校都根据学生工作的需要，建立以班级为基本单元，以专业、年级、系部（或二级学院）为主要归口的管理组织形式。几十年来，作为班级具体管理者的班主任这个概念，无论在小学、中学还是大学都是十分牢固的。

目前的班主任工作模式主要有两种：一种模式是采用辅导员直接带班负责班级的教育管理工作，一些学校要同时配备班主任，此时的班主任通常侧重于学生的专业指导和学习辅导，班主任的角色定位类似于导师制中的导师；在这种模式下，也有一些学校不再另外配备班主任，由辅导员负责全部的班主任管理工作。另一种模式是按照《教育部关于加强高等学校辅导员、班主任队伍建设的意见》（教社政〔2005〕2号，以下简称教社政〔2005〕2号文件）精神配备的，做到了"专职辅导员总体上按1：200的比例配备，保证每个院（系）的每个年级都有一定数量的专职辅导员。同时，每个班级要配备一名兼职班主任"。

一、高等院校班主任的地位与作用

辅导员和班主任是高等学校教师队伍的重要组成部分，是高等学校开展大学生思想政治教育的骨干力量。班主任担负有在思想、学习和生活等方面指导学生的职责，是大学生健康成长的指导者和引路人。

（一）学生成长需要班主任的扶持

斯坦福大学教育专家内尔·诺丁斯在《学会关心——教育的另一种模式》

一书中指出，"强调教育的道德意义，主张教育应该培养有能力、关心人、爱人也值得人爱的人"。如果学生没有处于一个被教师关心的环境中，很难想象他们如何学会关心他人以及公共事务。

（二）班主任是班级工作的核心

在思想政治教育中，班主任是班级的直接管理人，是组织开展学生思想政治教育活动的组织者。在安全稳定工作中，班主任是对学生进行安全稳定教育的责任人，负责掌握学生动态、了解学生需求、消除安全稳定隐患。在日常学生管理中，班主任是落实学院学生管理的一线教育工作者，是提供学生动态信息的主要来源，是开展家校互动和提高学生就业竞争力的重要力量；在班级学风建设中，班主任是学生进行学业规划的引导者，在开展诚信教育、考风考纪教育以及鼓励学生积极参与社会实践活动、提高学生创新意识、培养学生创新能力等方面具有不可替代的作用。

（三）班主任是班级的灵魂

班主任是一班之主任，他从新生入学到毕业都在带班，可谓是，与学生千日相连、朝夕相处，毕业后会保持十分紧密的联系。学校有什么任务乃至通知都通过班主任传达或安排；党组织要吸收学生入党，不管班主任是不是党员，也要听听班主任的意见；至于评选考核、推优评奖，与班主任更有直接的关联。由于班主任与班级学生.联系的广泛性、密切性、频繁性和长期性（高职一般三年连贯），使得班主任对学生的影响非常直接、非常广泛乃至非常深刻，一定意义上讲，班主任是班级的灵魂。

（四）从事班主任工作可提升教师能力，促进教书育人工作

教师担任班主任，一是可以促进教师进一步深入学生和了解学生，更好地把握学生的需求和特点，为更好地开展教学活动打下良好的基础；二是可以提高教师的组织管理、沟通交流和处理复杂问题的能力，让他们积累丰富的学生

工作经验，促进理论知识与具体实践的相互促进融合，全面提高教师的自身能力和综合素质。三是可以将教书和育人工作有效结合。早在 20 世纪前半叶，伟大的人民教育家陶行知先生就十分明确地提出他的主张"学校是施教育的地方，教员负施教育的责任""先生不应该专教书，他的责任是教人做人"。可见，教书育人是教师的天职，是从事教育工作应有之义。高校班主任制将教书和育人的两大职能有机结合，体现了教师天职的要求。

以上各方面的现实需求奠定了班主任在高校系统中的地位，也充分体现了班主任在育人工作中的特殊地位。

二、高等院校班主任的角色定位

班主任作为开展大学生思想政治教育的骨干力量以及大学生健康成长的指导者和引路人，在工作中扮演着多重角色，发挥着多种不同的职能，从多个方面体现着班主任对学生成长成才的重要价值。

（一）班级工作的组织管理者

班主任作为班级事务的第一责任人和主要管理者，全面负责所带班级的日常管理工作。从学生入学至毕业的 3 年间，无数大大小小的事情都是在班主任的指导下完成，师生相互配合协作得以完成的。班主任如同掌舵手，在把学生输往顺利毕业和优质成长成才彼岸的过程中，在确保学生安全稳定的基础上，既要把握好班级的前进方向，又要善于处理协调班级工作的具体事宜。学生的思想政治教育、班风班纪教育、评奖评优、学生干部队伍建设等各项工作都与班主任日常工作密切相关，因此，班主任的重要任务之一，是担当好班级工作的组织管理者，从宏观上掌控，从全局上把握，从细微处着手班级的各种事务，充分调动学生的主动性和积极性，营造积极向上的班风学风，营造良好的学习成长环境。

（二）学生成长路上的指导者

高等教育是一种以培养适应未来社会的具有较高思想道德素质和科学文化素质的准职业人的教育，其在人才培养目标、办学理念、教育模式、教学方式等各个方面都与中学教育之间存在着较大的区别。高职新生由于缺乏对大学的正确认识和深入了解，面对全新的高校生活往往表现出对新环境的不适应与对个人发展方向的迷茫困惑。部分学生存在着不自信心理和对目前所学专业茫然和不认可的心态。同时，处在不同阶段和不同专业的学生会面临各自不同的问题，这些问题与学生的日常生活、学习发展以及自身利益息息相关，若不能及时有效地处理将会对学生的成长成才带来或多或少的影响。因此，班主任对于学生成长过程中遇到的种种困惑给予指导和帮助就显得尤为重要，班主任的重要角色之一便是做好学生成长路上的指导者和引路人。

（三）人生观和价值观的引导者

班主任是青年学生道德品质的塑造者和人生观、价值观的引导者。大学期间是学生的道德修养、理想信念、人生观和世界观形成奠定基础的重要时期，学生的价值取向和道德追求很大程度上取决于其所接受的学校教育和文化熏陶，而班主任是与学生接触最多、联系最紧密的教师，其思想观念和言行举止会在无形中对学生的思想观念产生潜移默化的影响。因此，班主任要做好学生人生观和价值观的引导者，以日常思想政治教育为契机，引导学生树立正确的世界观、人生观和价值观，教会学生在复杂多变的社会环境中坚定立场、坚持原则、坚守信念、明辨是非。

（四）班级活动的主导者

班主任是班级活动的策划者。班级重大活动的开展，离不开班主任的耐心指导以及学生干部的配合执行。一个学期举办什么样的班级活动，如何举办活动，活动要达到的目的和效果是什么，需要班主任审核把关。其中的一些具体活动，还需要班主任提供指导，学生负责具体事务的执行落实，双方相互配合，才能顺利有序地开展下去。例如，主题班会的开展，需要班主任围绕当前的中心工作并结合本班学生的实际情况进行组织策划，并以此逐步教会学生处理问题的思路和方法。

（五）学生的良师益友

和谐良好的师生关系应是一种亦师亦友的关系。作为班主任，除了需要以师长的身份引导教育学生，也应该以朋友的身份深入到学生中间，赢得学生的信任与喜爱。这也就是班主任既要在学生中树立威信，履行传道授业解惑的职责使命，关心关爱学生的成长成才，尽己所能为学生的发展和需要提供指导和帮助。同时，班主任又要与学生打成一片，俯下身子以朋友的身份拉近与学生之间的距离，增进师生之间的情谊，倾听学生的真实心声，敞开胸襟接受学生提出来的意见和建议。除此之外，班主任还要积极发扬民主精神，抛开师生之间呈二元对立的管理与被管理的陈旧观念，淡化师长身份，与学生平等对话、亲切交流，形成亦师亦友的良好师生关系。

三、高等院校班主任应具备的素质

在高等院校班主任身处学生工作第一线，是学生从学校到社会过渡的导航人，扮演着多而角色以及承担着来自多方面的工作，应具备良好的综合素质。

（一）思想政治素质

班主任是高等院校思想政治教育工作队伍中的重要组成部分，是开展大学生思想政治教育的骨干力量。班主任的思想政治素质主要包括三个方面：一是自身的政治理论水平。班主任应当具有较高的政治理论水平和马克思主义理论基础，及时学习党和国家的最新路线方针政策，以自己理论知识和文化修养去影响学生。二是积极进取的精神。政治理论水平的高低并不能代表思想觉悟的高低，关键在于理论学习之后通过自身的思考将理论上升为行动的指南，使理论真正成为推动实践和提高业务的动力，并以积极进取的精神感染带动学生成长。三是自身的道德修养和师德师风。学高为师，身正为范，作为一名高等院校班主任，在教育学生、管理学生与服务学生的过程中，如果具有良好的道德修养和师德师风，具有正确的善恶是非观念，那么他在做学生思想政治教育工作时，就可以通过身教的力量做好学生的思想政治教育工作。

（二）业务素质

班主任工作是一项十分讲究工作方法和技巧的综合性工作。班主任在实际工作中会面临多种问题，面对班级可能发生的事情，需要班主任具备扎实的业务水平，拥有丰富的知识储备，并且善于灵活运用知识。因此，班主任业务素质的提升对于提高班级管理的成效性具有重要的作用。首先，班主任需要加强业务学习，不断通过日常学习充实完善自身的知识结构，掌握与学生教育管理工作相关的教育学、管理学、心理学、思想政治教育原理与方法等多方面的知识，了解与学生管理相关的各种规章制度和实施办法，研究当代大学生的心理特点和成长规律，加深对班级管理和思想政治教育的理解与把握。其次，班主任应当主动学习、了解与自己所带班级学生专业相关的基础知识，进而更有针对性地对学生开展专业方面的指导，增进与学生之间的沟通交流。通过系统地了解教育目的和教育原则、教育过程和教育方法，科学地调控教育环境，合理利用各种教育资源，把握学生的最新动态，实现最佳的教育效果。

（三）心理素质

班主任工作对于学生的成长成才起着重要的影响作用，这要求班主任首先必须具备强烈的事业心和责任心，对学生工作怀有高度的热情和主动负责的精神，用爱心、关心、耐心和细心把班主任工作当作一项崇高的事业来对待和追求。其次，班主任应具备良好的心理素质。心理素质较好的人，面对各种问题能处乱不惊，通过自己敏锐的观察和客观的推断找到问题的关键所在并采取正确的方法予以解决。具有必要的心理健康知识的人，可以及时发现并有效化解学生的心理冲突，可以合理利用校内外资源做好学生的心理健康教育，培育心智健康的学生。除此之外，拥有年轻健康心态的班主任也更容易和学生相处，更容易成为学生的知心朋友，从而更好地开展学生工作。

四、高等院校班主任队伍结构

根据系统论的观点，一个系统能否产生较强的功能，取决于两个基本的因素：一是构成系统的要素质量；二是系统要素之间的组合联系方式，即系统的结构。高等院校要根据实际工作需要，对班主任工作队伍进行科学的结构配置。其中，一支结构合理的班主任队伍主要体现在以下几个方面：

（一）年龄结构

年龄结构主要是指班主任队伍人员结构中，不同年龄人员的比例构成和相互关系。年龄是一个衡量个体成熟程度的重要特征量，不同年龄的群体在身心特点、性格气质和思维方式等方面都有较大的差异，不同年龄的教师具有不同的优势，以及教育和管理学生所运用的方法与手段也不尽相同，因此它是班主任队伍人员结构中的一个重要因素。例如，老年教师的教学经验较为丰富，教学基本功底扎实，但可能激情和活力相对不足，且可能会与学生之间存在较大的代沟；青年教师充满激情和活力，教学方式和手段比较新颖多样，较易与学生打成一片，但是实际教学经验比较欠缺，处理问题的能力相对欠缺；中年教师兼具了老年教师与青年教师的优势，但往往由于家庭、生活、教学、科研等事务缠身而导致投入到学生身上的时间和精力有限。因此，在加强高职院校班主任队伍建设中，我们应考虑把不同年龄段的教师共同吸纳进来，全面覆盖到"老马识途"的老年教师、"中流砥柱"的中年教师、"生机勃勃"的青年教师，使不同年龄阶段人员的优势互补，从而构成一个老、中、青相结合的比例均衡的综合体，并使此结构处于不断发展的动态平衡中。

（二）知识结构

知识结构主要是指班主任队伍中具有不同知识水平和知识结构的人员的比例构成和相互关系。从知识水平来看，高等院校教师的知识有多少之分和深浅之别，学历层次涉及从本科到博士各个层次，并且教师的教学和科研水平也有着显著的差异。从知识结构来看，高等院校各系部教师的专业五花八门，跨度较大，涵盖了学校所有的学科门类，每位教师所擅长的具体研究方向都不尽相同。因此，要打造一支拥有合理知识结构的高等院校班主任队伍，必须把不同知识水平和知识结构的人员编排进来，结合每名教师的不同特点和长项，分别担任不同年级和不同专业的班主任，并且尽量保证班主任所学的专业与所带班级学生的专业相同或相近，以便更好地对学生开展学业和专业指导。另外，在知识水平方面，应当由初级、中级、高级职称的人按一定的比例构成，一方面鼓励知识水平相对较弱的年轻教师积极投入学生管理工作，另一方面也可以充分发挥中高级职称教师对年轻教师的引领和带动作用。

（三）能力结构

能力结构主要是指班主任队伍中，具有不同工作能力人员的比例构成和相互关系。每名教师所擅长的能力各有不同。班主任能力主要包括专业能力和个人特长两个方面，其中个人特长包括演讲表达能力、动于实践能力、社会调研能力、写作表达、组织策划能力等各种具体的能力水平。专业能力和个人特长分别对于帮助学生进行学业指导和发展学生的综合素质具有重要的作用。例如，可以安排动手实践能力较强的老师担任工科专业类教师，指导学生开展各类电子机械类作品制作；安排爱好计算机的教师担任信息技术类专业班主任，安排有丰富社会实践和销售工作经验的教师担任市场营销类专业班主任。通过对不同能力结构的人员进行合理的配置，形成能够发挥最佳效能的有机整体。

（四）性别结构

性别结构主要是指在班主任队伍中，不同性别的人员的比例构成和相互关系。思想政治教育工作对象的性别差异，要求思想政治教育工作队伍必须有合理的性别结构。在不同的情况下，应有不同的男女比例组合。例如，对于女生较多的班级，应侧重于选择女教师担任班主任，以便班主任能以过来人的身份设身处地感受女生的一些真实想法，同时这也方便班主任进寝室了解学生的生活情况。但是，性别结构并不意味着男女师生必须一一对应，有时候也要考虑到性别的互补，在性别比例较为失调的情况下选择异性教师能弥补某一方面较弱带来的缺陷，有时反而会给班级管理带来意想不到的效果。总之，性别结构应在总体平衡的情况下，视具体情况进行调整和配置。

五、高等院校班主任队伍建设的原则

教育以育人为本、以学生为主体，办学以人才为本、以教师为主体。而班主任是教师队伍的中坚力量，是学生思想政治教育的主要力量，需要以正确的理念和方法加强高等院校班主任队伍建设，以确保班主任人才层出不穷，活力永驻。

（一）人尽其才，优化配置

建设一支思想素质好、业务水平高、综合素质强的高等院校班主任队伍，关键在于对教师进行人才资源开发，对学校教职工的知识、能力和素质进行综合测定，科学合理地开发组织和使用，持续不断地增强学校员工的能力，形成群体合力，提高学校整体效能的管理活动，首先，学校要帮助教师对自己进行正确的认识和全面的评估，包括对自身的条件、兴趣、爱好、优缺点、能力和追求的认识或评价，认清自己的脾气秉性、优势才干。其次，学校要注重战略性和整体性，谋求人与事、人与人之间的相互适配，充分发挥教师的潜能和作用，帮助他们制订职业发展规划。再次，学校在对教师职业生涯设计评价的基础上，提供职业发展的信息和职业咨询，制订开发策略，使教师和工作岗位实现良好的匹配。

（二）统筹兼顾，合理引导

高等院校班主任队伍建设是一项系统工程，不仅要考虑到队伍中人员的数量和质量，还要考虑到队伍的结构性问题以及个体与整体之间的关系，个体与岗位的匹配程度，等等。因此，高等院校进行班主任队伍建设时，应当秉承统筹兼顾、合理引导的原则，从宏观上掌控，从全局上把握，打造一支结构合理的班主任队伍。在进行队伍的整体设计时，要将设计的出发点和目的告诉班主任，争取每一名个体成员的积极配合，避免由于沟通不畅引起不必要的误会。同时，要加强对班主任的合理引导教育，帮助班主任树立大局意识，让其充分发挥自身的主观能动性，自觉地与学院的总体要求保持一致。

（三）公平公正，科学考核

为了充分调动班主任工作的主动性和积极性，应制定高等院校班主任工作条例，进一步明确其工作职责和工作要求。应本着公平公正、奖惩分明的原则，建立科学完善的考评机制，对班主任的工作表现和工作业绩进行客观的评价。考核要坚持定量考核与定性考核相结合。定量是定性的基础和前提，没有一定的工作量的付出，不可能会有工作性质上明显的绩效的提高。定性评价是对一个阶段或者一个年度的工作情况给出一个结果。将定量考核和定性考核结合起来，保障了考核的客观性与科学性。要将考核结果与职称职务聘任、奖惩、晋升等物资和精神奖励挂钩。要完善班主任评优奖励制度，将优秀班主任表彰奖励纳入各级教师、教育工作者表彰奖励体系中，按一定比例评选，统一进行表彰。要树立一批班主任先进典型，宣传他们的先进事迹，充分肯定班主任在学生思想政治教育中的贡献，并从物质层面、精神层面和个人发展等多方面对优秀班主任给予大力支持。对于工作不称职的班主任要进行批评教育，仍无改进的应调离工作岗位。在事关政治原则、政治立场和政治方向问题上不能与党中央保持一致的，不得从事班主任工作。通过建立完善班主任工作考评机制，充分调动班主任工作的积极主动性，促进班主任队伍建设朝着规范化、有序化和竞争化的方向发展。

六、高等院校班主任工作的特征与重点

高等职业教育的目的是培养一线应用型人才，其教育的职业导向作用尤为明显，高等职业教育中与学生成长紧密相关的班主任工作具有鲜明的阶段性特征。这种阶段性特征要求班主任根据不同阶段学生的身心特点和发展需要开展具有针对性的活动。

（一）大一阶段是帮助学生尽快适应新环境的重要阶段

努力实现从中学到大学的平稳过渡，调整个人认知和心态情绪，使学生能更好地融入大学生活。班主任要注重对大一学生进行学习习惯养成和学业生涯谋划的指导工作。大学与中学的教育管理模式截然不同，而许多学生对大学的认识是非常片面和浅薄的，同时他们也缺乏相应的思想和心理准备，当面临完全不同的大学生活时，他们往往会变得手足无措和迷茫困惑。另外，一些学生在高中时期习惯了一切以高考为中心的学习生活模式，而上大学后由于失去了曾经奋斗的目标，不知道自己努力的方向，进而产生了强烈的无所适从感。这时，班主任需要及时帮助新生调整个人认知和心态，树立新的奋斗目标，指导他们开展以职业为导向的学业生涯规划，让他们尽快找到自己的兴趣点和未来的发展方向。

（二）大二、大三阶段是学生进行知识积累和能力提升的关键时期

在学生逐步适应大学的生活，养成大学的学习习惯之后，就进入了专业知识的学习生活。班主任在这一阶段的工作重点是对学生进行职业能力培养、职

业操守养成和职业素质提升。在此阶段，知识传授和技能培养的工作主要是由专业教师担任，班主任应主动与之沟通做好专业教育。而一些班主任往往也是专业教师，更应当将专业教育与日常学生管理巧妙地融合在一起，实现班主任与专业教师双重角色的有机统一，推动学生专业知识和职业素质的提升。

（三）大四阶段是学生逐步走出学校进入社会成为一名准职业人的重要阶段

经过前三年的学习、积累和准备，大四时许多学生将踏上实习岗位开始全新的生活。这一阶段班主任的工作重心在于加强对学生的就业与创业指导，做好学生毕业实习的教育管理工作。大四伊始，班主任就应当帮助学生树立正确的就业和择业观念，根据自身的条件和兴趣爱好明确自己的就业目标和求职意向，并不断调整和完善。班主任应当对学生进行就业政策宣讲、求职与就业技巧指导，使学生有充足的准备和充分的把握去应对求职就业，提高学生的就业成功率。这一阶段需要班主任紧紧围绕促进学生就业这一中心目标投入大量的时间和精力对学生进行就业指导工作。同时，班主任应做好学生毕业实习的教育管理工作。通过现场走访，通过电话、QQ、短信、微信等方式进行联系，及时了解学生的实习状况并做好安全防范教育，做好思想、心理上的教育和引导工作，使之更加适应实习生活，为其进入社会做好心理和思想的准备。

七、高等院校班主任队伍建设存在的不足

由于在实际操作中的种种原因，当前高等院校班主任队伍建设还存在一些不足，这主要表现在：

（一）新人当班主任居多

许多学校都是依靠刚参加工作的教师当班主任，一方面是学校出于想尽快使新教师融入学生，了解学生情况，以便今后更好地开展工作；另一方面是因为新来的教师刚入校比较听话，对于上级安排的任务都会无条件答应，且其本

身也有尽快融入学校和学生、做出一番业绩来证明自己的心理需求。然而，新进校的教师担任班主任多半是从校门到校门，缺乏实际的教学经验与学生管理经验，且由于刚到学校，对学校的整体情况和各项规章制度尚不熟悉，有的新进校教师甚至还没有一些大二、大三的学生熟悉和了解具体情况，因此在实际工作中很难给学生提供有效的帮助。另外，由于许多新教师都要承担较重的上课任务，因此，精力不够、政策不熟、力度不到等问题也会随之产生。与此同时，新教师往往正面临或即将面临恋爱、婚姻、住房、育儿等个人问题，很难有足够心思和精力来做好班主任工作。

（二）带着任务当班主任

由于大多数高等院校对于教师职称晋升都有一定学生工作经历的年限要求，许多教师为了晋升职称不得不兼任班主任工作，但其内心往往是不愿意的，因此在实际行动中就表现得较为懈怠。有的班主任长期不与学生联系，经常以各种理由推脱参加学生的各类活动，对于学生的思想、学习、生活情况也知之甚少，很少对学生有深入的交流和细心的关怀，带有明显功利色彩和任务观念，在班主任工作中出现了主动性和积极性明显不足的现象。

（三）对班级工作投入力度有限

实事求是地说，高等院校班主任的工作是比较辛苦的。他们一般都是身兼数职：作为教师，班主任要寓德于教，充分发挥本学科潜在的德育作用，尽力上好课；作为研究人员，班主任要追踪学科前沿，发表科研成果；作为班集体建设的领导者，班主任要平等地关注每一个学生的发展，尽力满足每一个人不同的发展需要。

那么，究竟为什么会出现老师不愿意当班主任的情况呢？原因恐怕有五：一是班主任工作事无巨细，工作繁杂，尤其是当个别学生出现突发事件或者出现班主任管理上的漏洞时，承担的责任大。二是学生数量多，需要投入的精力大。

由于近年来高校扩招，高等院校的学生人数与日俱增。面对数量庞大的学生群体，许多高等院校只好采取一名班主任同时管理几个班级的措施，无形中增加了班主任的工作量。三是部分学校班主任福利落实不到位，不利于也不能够调动教师当班主任的积极性或者说不能产生激励效应。四是部分班主任对育人工作重要性认识不到位。五是辅导员与班主任制度存在职责不清、管理交叉的问题，容易造成辅导员领导班主任的感官印象。

八、加强高等院校班主任队伍建设的思考和建议

应该说，纵然有诸多原因影响教师担任班主任工作，但班主任工作的重要性是显而易见的，班主任队伍建设更是一项紧迫而系统的工程，必须予以加强。

（一）从指导思想上重视班主任队伍建设

对辅导员队伍建设，有明确考核机制。正因为这样，我们认为，各校党委必须从加强和改进大学生思想政治工作，从切实推进全程、全方位、全方面育人的高度认识问题，从培养社会主义现代化建设优秀接班人和合格接班人角度认识问题，从学校校友队伍建设、品牌建设和可持续发展高度认识问题。

从教师角度来看，应该认识到，育人是人民教师的崇高职责，承担班主任工作是教师应尽的义务；做班主任工作也是一种锻炼，一种经历，是人生的宝贵财富，也是教师特有的人生体验，意义重大，他人无法替代；有机会带班做班主任工作，也是人生一大本事，更是能力和水平的展示，培养一批优秀的学生，终身受益，一生荣耀。

（二）认真做好班主任队伍的选聘配备工作

做好高等院校班主任的选聘配备工作，是加强班主任队伍建设的首要基础。高等院校要根据实际工作需要，科学合理地配备足够数量的班主任，为每个班级都配备一名班主任。高等院校在选拔班主任时，应在学校党委的统一领导下，在

学生处及各院系的具体组织下，采取组织推荐和公开招聘相结合的方式进行选拔。

在保证数量充足的基础上，要倡导和选择高层次人员担任班主任工作。从职业道德与职业技能相结合，专业知识与能力培养相结合的角度认识班主任工作，必须倡导和要求下列人员担任班主任工作。一是专业主任担任班主任工作。专业主任是本专业教学培养的主要设计者，也是连接人才培养与行业企业的主要活动者，教学方案的主要实施者，如果能够担任班主任工作，不仅能收到业务和素质双重功效，校内和校外双重效能，而且也有利于带领更多的教师参与到教书育人的工作中来，进而提高整体育人水平和质量。二是高职称专业教师承担班主任工作。离职称专业教师学识渊博，基础扎实，容易受到学生的尊重，也容易影响和教育学生。浙江大学出现的院士当班主任效应就能很好地说明问题，如能发挥高职称学术带头人作用，则班主任工作也会收到事半功倍的成效三是高学历教师承担班主任工作。高学历教师见多识广，资源丰富，往往也受学生崇拜和尊重，让这些教师担任班主任工作，既会得到学生的喜爱，也有利于引导学生走上爱学习、爱钻研、爱知识的好轨道，必然有利于学风建设。

（三）大力加强班主任队伍的培养培训工作

加强高等院校班主任队伍的培养培训工作，是提高班主任工作能力和水平的关键。各地教育部门和高等院校要制订详细的班主任培训计划，建立分层次、多形式的培训体系，做到先培训后上岗，坚持日常培训和专题培训相结合。要重点组织班主任系统学习管理学、教育学、社会学和心理学等相关学科理论知识，以及大学生学业与职业生涯规划、就业与创业指导、学生事务管理、心理健康教育等方面的知识。同时，要适时安排班主任进行脱产、半脱产或在职培训进修。通过定期输送一批班主任参加业务培训学习、社会实践和学习考察，不断提高班主任的思想政治素质和业务素质，使其开阔视野、拓展思路、提高解决实际问题的能力，增长做好思想政治教育工作的才干。

（四）合理划分班主任和辅导员的职责

辅导员、班主任是高等学校教师队伍的重要组成部分，是高等学校从事德育工作、开展大学生思想政治教育的骨干力量，是大学生健康成长的指导者和引路人。可见班主任和辅导员的地位、性质和作用有着基本的共同点。

尽管如此，他们具体的职责还是不同的。辅导员根据党委的部署有针对性地开展思想政治教育活动，班主任负有在思想、学习和生活等方面指导学生的职责。由此可以看出，班主任和辅导员在工作内容以及工作对象上是不同的。从工作内容来看，辅导员从宏观的角度统筹和兼顾学生的文化、社会活动的组织开展，集中开展学生政治理论学习活动，加强学生的理想信念教育。班主任则侧重于学生教育管理得更加细致和深入，对个别学生的思想问题要及时引导和疏通。从工作对象来看，辅导员负责一个年级学生的思想政治教育工作，而班主任则负责一个教学班级学生的日常管理和思想政治教育。班主任与辅导员之间的关系应当是点和面的关系，班主任工作则是对辅导员工作的有益补充。从组织领导来看，他们都在高校院系党组织领导下，独立地从事学生的教育培养工作，是两个平等的教育主体，不存在一方领导和管理另一方的情况，共同对院系党组织负责。当然，在实际的工作中，无论是辅导员还是班主任都应当主动和另一方通气，通报学生工作情况，相互支持和配合，这样才能做好学生的各项教育培养工作，才能避免因辅导员与班主任角色错位产生弱化班主任工作的现象。

（五）切实为班主任工作和发展创造条件和提供保障

制定促进班主任工作和发展的制度政策，是加强班主任队伍建设的重要保障，要切实为班主任的工作和发展提供资源和有利条件，加强对班主任的物质保障和人文关怀，解决好与班主任切身利益相关的问题。具体而言，一是计入教育教学工作。建议把教师工作员统称为教育教学工作，担任班主任就是直接的育人，应该占据一个教师 1/4 左右的工作员，据此作为考核依据"二是提高报酬和待遇。按照一个班主任带两个平行班相当于 1/4 工作量的标准，建立相应的报酬和补贴制度，使其获得应有的报酬水平。三是建立奖励机制。除了每年开展优秀班主任评比，并对优秀班主任进行奖励以外，还要采取更加优厚的措施，如提高奖励标准，必要时可尝试学术或调休制度，即带好三年一届班主任后，可以让教师享受半年学术假或实践，以鼓励班主任工作。四是完善提拔晋升机制。对班主任工作做得好的教师可以在晋升专业技术职务、提升行政级别等方面予以倾斜，对长期担任班主任工作成效显著的教师可特设岗位给予倾斜。

总之，我们在政策上要崇尚担任班主任光荣，在物质上要给班主任之甜头，在机制上要让班主任有盼头。

第四章　高校教师专业能力建设

第一节　学习和自我发展能力的培养

一、基本认知能力

基本认知能力包括记忆力、注意力、观察力、想象力和思维能力，即一个人的智力。

记忆力是智力活动的基础，是一个人不可缺少的基本才智，是获得各种信息和经验的首要心理要素。注意力是使心理活动指向并集中于客观事物的能力。人的一切智力活动只有在注意力的参与下才能顺利进行，可以说，注意力是智力活动的组织者和维护者。观察力是感知和思维相结合而形成的一种能力。观察是有目的的、主动的感知过程。各种专门人才都需要具备一定的观察能力。教师只有具备了较强的观察力，才能对学生观其行而知其心，随时掌握学生发展变化的动态，并获得丰富而有价值的教育现象的材料，进而发现新问题，找出事物的规律，并得出正确的科学论证。想象力是智力活动富于创造性的条件，也是教师能力最基本的特征，是教师进行创造的前提。思维能力指在已有知识经验的基础上，借助语言对客观事物进行间接概括反映的能力。思维能力是智力的核心，人脑通过思维可以组织人的感官触及不到的宏观与微观世界，从而把握事物的本质规律和整体性。

总之，基本认知能力即智力，它始终贯穿于教师的职业活动之中，标志着一个教师能力起点的高度。

二、系统学习能力

系统学习能力即指学习和掌握新知识、新信息、新技术、新方法的能力，包括自学能力、成长学习能力（再学习能力）、信息资料的加工利用及整合能力等。

（一）自学能力

自学能力一般包括对学习内容的选择能力、学习的坚持力以及学习的效果和速度。

1. 选择能力

在纷繁的知识海洋中，对于学习内容的选择是学习者首先要解决的问题。当代教师要充分认识到选择学习内容对于开展学习的重要性，"有所不为才能有所为"，因此，学习亦要"有所止之"，才能有所成就。

2. 坚持力

在学习的过程中，不能忽视学习的坚持性，避免半途而废。只有不怕困难、矢志不渝的人才能真正有所建树。

3. 效果和速度

阅读速度、理解程度，重点和难点的把握都是教师能力的体现。尤其是在知识信息如潮水般向人们涌来的今天，提高单位时间内学习的速度和效率已变得越来越重要。为此，教师应使自己的学习方式快速化与创新化，充分利用现代化的学习工具，如电脑、手机等。

（二）成长学习能力（再学习能力）

这种学习能力一般应具备以下五个要素：一是成长因素的自我识别，即知道自己具有哪些方面的特长，哪些方面的短处，以使自己的学习能够扬长避短、事半功倍；二是成长学习的目标决策能力，即能够根据自己学习的长远目标和阶段目标制订学习计划和学习策略的能力，以保证学习任务能有步骤地得以完成；三是高层次的学习方法，即科学的学习方法与思维方法有机结合，在提高学习效率的同时有所发现、有所创造；四是成长学习的自我评价与调节能力，即学习者对学习的效果具有正确的评估，并能及时改进学习方法、调节学习机制的能力；五是悟性和勤奋。这是再学习的每个教师所必须具备的素质，有悟性和开拓意识，对再学习有兴趣和敏感，再加之勤奋的精神，就能很快地实现学习的目标。

（三）信息资料的加工利用及整合能力

这是教师扩展视野和知识的必要能力。教师对信息资料的加工利用表现在：对信息的高度敏感性，即能够广泛地接收来自学生、学校、媒体、政府等各方面的信息和学术刊物、著作的信息；对信息的利用率，即筛选有用的信息进行简化、归类、存档，适时运用。

为适应新时代对教育和教师的全面要求，以便更好地、更有效地获得信息资料，教师无疑还要具备一定的外语水平。良好的外语能力为加强国际交流、进行双语教学清除了障碍。外语能力已成为新世纪教师"学会说话"、"学会看书"的新要求。

三、社会环境适应能力

适应是心理健康的标志之一。适应是有机体与环境的一种平衡状态。心理学家皮亚杰指出："智慧的本质就是适应。"现代社会的七速发展、教育的重大变革给教师提出了许多新的挑战。适者生存、适者发展仍然是一个不可逆转的法则。学会适应，具有一定的社会环境适应能力，是每一个教师健康生活、获取成功的前提与基础。

（一）对适应的一般理解

适应一词源于生物学的概念。它是指所有活着的有机体都要随着它们环境中某些条件的改变而改变自身的活动。从心理学的角度研究适应，可将其定义为：个体通过不断做出身心调整，在现实生活环境中维持一种良好的、有效的生存状态的过程。适应是指个体与环境在相互作用中发生改变的过程。个体社会环境的适应方面，主要涉及如下三点。

1.适应客观环境的变化

无论是什么样的人，当刚从熟悉的环境进入陌生环境，都要有一个适应的过程，这一过程包括对新环境的熟悉以及了解新环境对自己的要求等，而且这一过程还包括逐渐从过去熟悉的环境中解脱出来，在生活方式、思维方式等方面做出相应的改变，以适应新环境的要求。

2.建立新的人际关系

随着环境的改变，建立新的人际关系，不仅是适应环境的要求，而且也是个体逐渐走向成熟的必要条件。这就要求人们清楚地认识新的人际关系的特点，同时，还要逐渐掌握处理各种人际关系方面的技巧。

3.确立新的自我

个人适应环境的过程实际上就是重新确立自我的过程。当个体进入新环境后，原有的自我就要重新被评价，以便适应新环境。但是这种重新确立不是完全的自我背叛，而是主动地寻求一种新的契合点，既保持自我的人格特点，又与新环境相适应。

（二）社会环境适应的能力与发展

在现实生活中，人们对环境的适应大体上有两种。一种是消极的适应，即适应是人与环境的消极互动过程，在这一过程中，个体认同、顺应了环境中的消极因素，压抑了自身的积极因素（即自身的潜能），违背了人的心理发展方向。其结果是环境改造了人，而人未发挥自己对环境的能动作用，例如，不思进取等消极性的态度都是以压抑自己的潜能、牺牲个人的发展为代价的。这种对环境的适应是退化，而不是发展。而另一种是积极的适应，即能够正确地分析自身的特点及环境的特点，从对两者的分析中找到自己的生长点，积极主动地调整自己与环境的不适应行为，提高个体在环境中的主动性、积极性，使自身得到发展。也就是说，把环境中的有利因素和个体中的积极因素统一在自己能动的实践活动中，就获得了一种积极的适应。社会环境适应能力是个体通过不断的身心调整，在现实生活环境中能够突破困境，维持一种良好的、有效的生存与发展状态的能力，这种积极的适应能力对教师的生存与发展都是至关重要的。

教师的社会环境适应能力，一方面应体现在对社会角色的适应能力，能够形成与时代相适应的角色期望和行为方式；另一方面应体现在对社会变革及教育改革所带来的冲突及压力的应变中，与现实相适应的保持心理平衡的能力。只有学会积极地适应现实，才能够面对现实、接受现实、适应现实，对现实抱有乐观的认识和判断，对生活、学习和工作中的各种挑战才能妥善处理，并从实际出发不断调整工作、学习及生活目标，审时度势地进行角色转换，调节自身行为，把握成功，获得发展。适应与发展的关键是战胜自我、积极行动。

四、身心保健及调适能力

（一）教师身心健康的含义及表现

教师身心健康是指教师具有健康的身体素质和心理素质。

1.教师健康的身体素质主要表现在以下两个方面

（1）对繁重的教学、紧张的工作、琐碎的家务具有较强的承受能力，能精力充沛、生机勃勃、从容不迫地从事工作和学习，应付日常生活和工作。

（2）反应敏捷、体格强壮、耳聪目明、头脑灵活、声音洪亮。

2. 教师健康的心理素质主要表现在以下六个方面

（1）较强的社会适应能力，能与现实保持平衡。

（2）人际交往和谐，积极态度多于消极态度。

（3）有良好的自我意识，能正确地对待自己，善于与人交往，理解、尊敬、信任别人。

（4）情绪乐观稳定，心胸开阔，能自尊自制。

（5）热爱生活，热爱教育工作，有追求成功的欲望和信心，有幸福感。

（6）过有效的生活，心中有目标，活得很充实。

健康和身心不仅是教师成才与发展的基本内因和要求，而且也是教师良好身心素质产生的一个基本前提。

（二）影响教师身心健康的基本因素及分析

影响教师身心健康的因素是多方面的，也是比较复杂的，主要有以下两个方面。一是客观方面，如事业与家庭的负载过重。二是主观方面，即从教师自身因素看，教师不能科学地生活，对心理和身体健康难以开展自我保护，缺乏一定的身心保健和调节的意识及能力，也是重要原因。

身心保健与调节能力，是教师能够在对自身进行客观了解之后，发挥内部机制的作用，针对存在的问题进行自我调整，采取切实可行的措施，主动加强保健，调节自己的身心状态，对身心素质不断进行自我完善的能力。其属于一种能够弥补身心疲乏、恢复充沛体力、保持健康身心的能力。这种保健和调节的意识和能力，是保障教师在竞争中增强个人的适应力，以健康良好的身心品质从容地对待社会生活，对待教育事业，谋求个人发展的重要条件。

五、自我监控及管理能力

教师的自我监控及管理能力，是教师所具有的对自身的行为及自我发展的监督控制及管理的能力。在行为上主要表现为：具有能够做到为人师表、保证个人言行的严谨端正、处变不惊、从容不迫的能力；具有善于完善自我和克制自我的能力；具有能够进行自我剖析、规划、设计、约束、激励和反馈的能力。

教师是自我发展的主体，所以对教师进行的任何管理，都不如教师的自我监控与管理更有效。教师在具备一定的自我监控及管理能力方面，具有明显的优势，这是因为：

（1）教师有较高的成就动机，对自己有比较高的期望值，对自己的要求比较严格。

（2）由于教师工作的示范性，教师角色对学生有重要的影响，教师必须严于律己，对自己的言行加以规范和约束。

（3）教师有比较高的科学文化素质，有较高的自控能力，有进行自我监控及管理的基础。

（4）有自我发展的内在强大动力的教师，更能够实现真正的自我监控及管理。这也是教师具有自我监控及管理能力的基本条件，即：教师有自我发展的内驱力，对发展目标有坚不可摧的信念。

六、职业生涯规划与设计能力

职业生涯是人的一生中所从事的职业和所走过的大部分职业生活历程。职业生涯设计能力是指对有关职业发展的各个方面进行的设想、规划和管理能力。

教师的职业生涯，是一个人作为教师从事教师职业的整个过程。教师只有树立职业生涯设计的意识，掌握职业生涯设计的方法，培养和提高职业生涯设计的能力，才能真正把自己的职业生涯置于理性的思考之上，从而使教师关注自我发展，增强自我发展的主动性、预期性。

职业生涯设计包括一个人一生中所有与工作相联系的行为和活动的设计，在设计时应考虑以下几个主要特点。

（一）连续性

职业生涯是表示一个人一生中在职业岗位上所度过的整个经历。这个经历是漫长的，它影响着一个人其他方面的生活，甚至决定着一个人的生命和质量。这个经历中各个阶段都是衔接的，因此，职业生涯的设计，应当是一种与工作相关的连续经历和设计。

（二）独特性

生涯是个人为实现自我而逐渐展开的一种独特的生命历程。不同个体的生涯，在形态上或许有类似之处，但其实质却有诸多的不同。每个人在不同的人生阶段都有不同的追求，每个人都有不同的自我定位和目标设计，有不同的行为能力和心理特征，这些都导致每个人有不同的变化和成长。因此，职业生涯的设计也应体现出每个人职业生涯的独特性。

（三）互动性

职业生涯不完全是由个人支配的，它还受多方面因素的影响，除了本人对职业生涯的设想和计划之外，还有家庭中父母的意见与配偶的理解和支持、组织的需要与人事安排、社会环境的变化等，这些都会对职业生涯设计等产生影响。所以说，在职业生涯设计时要综合考虑多种因素的互动。

第二节　教学情境创设能力的培养

（一）教学情境创设能力的特点

1. 新颖性

创设问题情境的新颖性会使学生乐于创新学习。教学的艺术，不在于传授知识的多少，而在于激励、唤醒、鼓舞。教学中教师只有根据学生的年龄特征、知识经验、能力水平、认知规律等因素，了解学生思维的热点、焦点，不断创设有创意的、新颖的问题情境，让学生身临其境，感受数学知识、规律的魅力，才能使学生产生疑问，激发探索的欲望，乐于发现问题，乐于创新学习空间。

2. 空间性

创设问题情境的空间性，使学生敢于创新学习。由于学生的智力、基础知识、学习能力、生活经验与环境等方面存在的差异，即使面对同样的问题，他们的思维方式、采用的手段方法也会有所不同。教师的讲解与分析，往往不能满足所有学生的需求。因此，创设问题情境时必须留有一定的空间，把学习的主动权交给学生，对学生的新想法给予鼓励，使学生敢于打破常规，别出心裁，勇于标新立异，寻找与众不同的学习、解题途径，激发学生的创新动机，为学生的创新学习提供时间和空间上的保障。只有为学生创设了问题情境的思维空间，学生才会有积极思维，并进行创新学习。具有挑战性的问题情境，可引导学生多方位地进行联想，自觉地探索尽可能多的问题答案和解题途径，有利于提高学生学习数学的兴趣，培养学生接受挑战的意识，发展学生的求异思维，为学生的创新学习提供条件，引导学生积极主动地、创造性地学习数学。

3.实践性

创设问题情境的实践性，使学生善于创新学习。教学活动离不开实践活动，加强实践操作是培养学生创新学习能力的重要措施。知识的应用是一个渐进的认知过程，是学生在教师的引导下，利用必要的材料，在自我实践的基础上，通过意义建构而主动获得的。因此，在认知建构中，教师应根据学生的认知特点和学习心理，有意识地设置动手操作的情景，给学生提供必要的探索新知的思维材料，设置"动"景，使静态的知识动态化，调动学生的积极参与，以及对新知的主动探究，让学生通过自己的操作、观察、比较、交流、评价等实践活动，亲身经历知识的形成过程。一方面能增强学生主动参与的意识，使学生在实践活动中学会相关知识，另一方面，通过教学实践活动，使其创新学习能力得到提高。

这种在教师点拨下的学生动手来自操作、自主探究的活动，有利于调动学生多种感官参与学习，并通过设疑—猜想—实验—验证—归纳的过程，使学生的思维得以充分训练，学生在实践活动中，动手、观察、思考、协作能力都得到了培养。教学中，教师要有意识地向学生提示寻找问题的角度，以及提出问题和解决问题的方法，使学生更善于进行自主创新学习。

4.竞争性

创设问题情境的竞争性，使学生勤于创新学习。在教学中，适时创设竞争的学习氛围是培养学生探索兴趣和独立思考习惯的有效途径，适当的良性竞争，可激发学生的创新热情和创新意识，能培养学生思维的变通性和独创力。只有对学生点滴的创新给予及时的表扬、肯定、鼓励，才能激发学生创新学习的热情，逐步培养学生创新学习的能力。课堂教学中问题情境的竞争性，从形式上，可以是小组内同学间、小组与小组间；从内容上，可以是小组内、小组间对问题解决的竞答，或小组内、小组间的相互质疑，也可以对练习完成的质量、速度或某一问题处理深刻性的评价等；从情境创设的方式上，可以由教师创设，也可以由学生根据自己的认识提出。

1. 情境是符合学生已有生活经验的学习环境及学生认知水平的必备要素

学生的原有生活经验是进入教学情境中的重要知识，教学情境的创设必须建立在学生的认知发展水平和已有的知识经验基础之上，使学生的原有经验通过再创造，获得新的意义，从而使学生产生新的发展。

2. 情境包含丰富的学科知识、能力及外部世界的诸多因素，是相互联系的

在一定的教学情境下，通过适当的方式将零散的、隐含于特定问题中的诸多因素相互联系与综合，使学生获得相关的知识和技能，同时使学生在非认知方面（如情趣、态度、价值观、合作交流能力等）获得发展。

3. 情境具有调动学生积极学习和成长的情感因素，具有学生参与的角色要素

良好的教学情境，能帮助学生积极主动地、充满自信地参与学习，使学生的认知活动与情感活动有机地结合，从而促进学生非智力因素的发展和健康人格的形成。一个好的教学情境必须具备调动学生积极参加学习活动的因素。学生的参与性是新课程教学环境的基本要求，教学情境必须具有学生参与的角色要素，进而让学生较快地进入建构性学习活动。

4. 教学情境中包含了大量的课程资源，体现了学校课程资源较高的开发利用程度，具有可供操作的硬件设施和时空要素

为了使学生能够充分地参与学习活动，教师必须具备较强的课程资源和意识，注意对课程资源筛选、加工、整合及再创造。因地制宜，通过多种途径、多种方式、多种渠道有目的地开发和利用各种资源，包括校内、校外、网络、

学生家庭、所在社区等的课程资源，来创设教学情境。创设的教学情境应具备较好的可操作设备条件，具有帮助师生共同进行学习活动的时空要素。

5.情境具有趣味性和浸润性，可以引起学生浓厚的探索问题的兴趣，有较好的对问题进一步拓展的空间

通过营造一种生动有趣的、具有吸引力的学习氛围，创设一种与亲和的人际情境交融在一起的教学情境，激发学生学习的兴趣与动机，使学生在宽松、和谐、愉悦的氛围中，由对问题的自然想法开始探索，发挥情境的浸润功能以激发学生的探究热情。

（三）创设教学情境的类型

无论教学情境的外在形式还是教学情境的内容，都能使学生产生积极的情绪反应。但不同形式、不同内容的教学情境在教学中的侧重点不同。实际教学中往往是多种教学情境同时作用于课堂，综合发挥教学情境的浸润性。教学情境根据不同的分类标准可以有多种类型。

根据教学情境与现实世界存在的关系，可分为以下7种类型。

1.真实型教学情境

现实客观存在的社会是学生知识建构不可缺少的资源，以及运用知识不可替代的学习情境，学生在其中感悟、观察、体验。通过形式多样的真实客观存在的教学情境，让学生亲临生活实际，在社区、工厂、田间、野外等真实的生活与场景中学习知识，运用所学知识解决实际问题，这就是真实型教学情境。在真实的情境中进行教学，拓宽了教育的空间，将理论与实际相联系，可以使所学的知识得以运用，学生在身临其境的演练中施展自己的才能，品尝着受阻的焦虑和成功的喜悦，在积极的思考中提高解决实际问题的能力。

2. 仿真型教学情境

教学中有时受时间、空间、财力、物力的限制，不可能每节课都把学生带入实际生活中。一些较难接触或学生不易真实接触的学习内容可以用模拟现实环境和情况来满足教学的需要，这就是仿真型教学情境。如模拟商店中现场购物的体验，也可以借助多媒体等教学方式模拟现实情境，采用学生模拟表演等形式，达到所需教学情境的效果。

3. 提供资源型教学情境

根据课程的教学目标，为学生提供丰富的学习资源，由学生选择学习、探究方式，充分发挥学习的主体作用，教师则起到学习引导者的作用，使学生在探索中学习求知，培养其独立钻研、独立学习的能力，这样形成的教学情境称为提供资源型教学情境。资源的共享是时代发展的要求。学习的根本在于拥有和利用学习资源。为学生提供具有丰富学习资源的情境将是未来教学环境发展的总趋势。

4. 问题型教学情境

为了完成教学目标，教师所设计的以探究某个问题为平台的教学情境称为问题型教学情境。创设"问题情境"就是在学习内容和学习求知心理之间制造一种"不协调"，把学生引入一种与问题有关的情境的过程。这个过程也就是"不协调—探究—深思—发现—解决问题"的过程。"不协调"必须要质疑，把需解决的问题，有意识地、巧妙地寓于各种各样符合学生实际的教学情境之中，在他们的心里造成一种悬念，从而使学生的注意、记忆、思维凝聚在一起，以达到智力活动最佳的状态。教师根据学生情况和教学内容而创设的问题情境能诱发学生的好奇心和求知欲，点燃思维的火花。创设问题情境宜围绕教学目的，同时需注意培养学习者的发散性思维与创新意识，且难度适中。

5. 探究学习型教学情境

为探究性学习任务创设的教学情境称为探究学习型教学情境。探究学习情境与问题学习情境是密切相关的。一般情况下，学生在一定的问题情境的刺激下会主动参与探究。但在实际教学中，还往往出现学生遇到问题时，很难识别问题的关键并形成连贯的研究方法。他们也不清楚怎样把现在的问题和已经知道的东西联系起来。围绕问题的探究总是停留在问题的表面，好的问题也会渐渐失去挑战性，因此在探究的过程中需要教师不断营造探究的情境和学习的氛围，引导学生在探究过程的不同阶段深入地学习。

6. 合作学习型教学情境

为在教学中的合作学习而创设的教学情境称为合作学习型教学情境。学习教学中的合作有利于开拓学生思路，改善课堂氛围，培养与人合作的作风，能充分调动学习的主动性。合作中有竞争，既能发挥个体的积极性，又能促进学生之间相互团结、密切配合，增强集体荣誉感。通过合作教学，不仅充分发挥了学生的主体作用，而且能培养学生的交往、合作和竞争能力。但在合作学习中合作氛围的营造非常关键，教学中创设良好的合作情境是学生能否顺利开展合作的前提。

为新知识学习后巩固和拓展而创设的教学情境称为练习型教学情境。教学中无论是新课的巩固练习，还是独立练习课，往往都需要通过一定的情境烘托下，达到练习的效果，新课的巩固练习，有时利用课中的教学情境延伸即可达到引导学生自主练习的目的，有时也需要单独创设。独立的练习课，有时教师们可以用带有趣味性的故事情境进行串联，调动学生的练习兴趣。

教师教学情境创设能力培养需要注意的问题如下：

（1）教学情境的创设一定要与高职学生的智力和知识水平相适应。情境创设是为了激发学生的求知欲，如果学生对教师的情境创设不感兴趣，就不可能达到预期的教学效果。

（2）教学情境的创设必须针对人才培养目标，有针对性地创设，必须与教学主题有关，要实现教学内容与教学情境的和谐统一。

（3）教学情境的创设一定要有梯度和深度，既能承前启后有连续性，引起学生的注意，形成良好的情感体验冲动，又要提升学习的高度和层次，使学生的智力得到进一步的开发。

（4）教学情境的创设要为学生营造优美的学习环境，引导学生去积极地进行探究。

教师教学的情境创设，一要揭示教学目标；二要有刺激性，引发求知冲动；三要提高学生的注意力，关注教学情境创设的内容；四要提供诱发行为的条件，使学生愿意主动实践。

教学情境的创设要形成一个关注—激励—移情—加深—弥散的学习过程链，使学生的情感态度、价值取向逐步内化于学生的人格之中。学生参与教学情境的创设本身就是发展能力的拓展过程，教师应当善于抓住学生的求知、求新、求变的心理，通过与学生的教学互动，提升自己的教学质量。

第三节　教师探究教学能力的培养

（一）探究性学习的培养目标

探究性学习目标强调对所学知识、技能的实际运用，重视学习的过程和学生的实践与体验。具体目标为：

（1）获得亲身参与研究探索的体验。

（2）培养发现问题和解决问题的能力。

（3）培养搜集、分析和利用信息的能力。

（4）学会分享与合作。

（5）培养科学态度和科学道德。

（6）培养对社会的责任心和使命感。

（二）探究性学习的特点

1. 开放性

探究性学习在教学目标上是开放的。探究性学习的目标，第一在于发展学生的能力，包括发现问题的能力、制订计划的能力和解决问题的能力；第二在于培养学生主动积极的、科学严密的、不折不挠的态度；第三在于培养学生的问题意识和创新精神；第四在于通过探究性学习获得关于社会的、自然的、生活的综合知识。这些目标是一个整体，是通过长期的潜移默化而逐步形成的，不能把它们割裂开来。探究性学习的目标应是灵活的、开放的、因人而异的。

探究性学习在内容上是开放的。学生在现实生活中所面对的诸多问题，一般是综合性的问题。解决这些综合性问题需要的知识远远超出了某一学科的范围。在探究的过程中，无论是自然科学还是社会科学的知识，都可能用得上。

因此，不应把学习内容限制在某些方面，可以海阔天空，只要学生想到而又力所能及的都可以作为探究的内容。

就学生获取的知识而言，探究性学习也是开放的。在探究性学习中，知识的来源是多方面、多渠道的。除了书本知识以外，学习者还要广泛地获取未经加工处理的第一手资料，经过头脑的加工形成结论，使学生超出第二手书本知识的极限。

2. 自主性

自主性是实现探究性学习的目标所必需的，只有这样才能实现探究性学习的目的。

无论是探究的能力，主动积极、科学严密、不折不挠的态度，还是问题意识和创新精神，都是必须通过亲自实践才能逐步形成，就算是知识，也必须通过学生的主动建构才能形成，靠传授式的教学难以获得。

让学生自主地进行探究，是否就意味着老师是多余的，或者说教师没有什么作用呢？当然不是。教师毕竟是一个成年人，社会经历丰富，阅历广泛，可以向学生提供经验和帮助。因此，在探究性学习中，教师是组织者。教师应该开阔学生的视野，启发学生的思维，要善于发现学生思维中的闪光点，要向学生提供经验，帮助学生进行价值判断；要帮助学生整理思路和计划，要检查学生计划的可行性；要提醒学生重视探究中可能出现的问题和困难，要向学生提供必要的资源和帮助；要纠正学生不规范的做法，防止偏见和差错，提醒学生注意实事求是，注意结论的可靠性；要引导学生对探究的过程进行总结反思，引导学生自己进行评价，其中包括对课题意义的再认识，对成功与失败的原因进行总结，引导学生报告自己的收获等。

3.过程性

探究性学习的价值何在？注重的自然是探究的过程。学生的体验和表现比结果更重要。让学生在探究中学会交流和合作，在探究中得到发展，是探究性学习最主要的目的。学生体验了科学探究的全过程，从提出问题，确定问题，确定研究的方法和程序，连最后的评价都是学生自己做的，学生也会有很好的学习体会和收获。有的活动没能得出结论，给学生们留下了一点遗憾，让他们反思所做的探究存在什么问题，为什么没有结果，也能起到很好的教育作用，不一定强求有明确的结论。

强调探究的过程包括不能让探究的过程模式化、固定化。探究的过程没有固定的模式，提出问题、进行假设、制订计划、收集数据、整体分析、得出结论、评价预测，是科学探究过程的要素，而不是固定的规范。它们之间也没有固定的先后顺序，不能硬性规定哪一个步骤在先，哪一个步骤在后，也不必强求探究过程的完整性。一次活动可以集中在如何提出问题，如何制订计划，如何进行评价等任何一个方面或几个方面，也可以是相对完整的探究活动。

探究性学习重在过程，因此在评价学生的学习成果时就不应仅以成败论英雄，更不应该仅以课题的学术价值和社会效益作为评价的主要依据，而是要看学生的态度和表现，要以形成性的评价为主，以学生的自我评价和相互评价为主。对于那些完全不投入探究活动的学生，不仅要在成绩上有所表示，而且还要让他们自己找出差距。但是，对于能积极探究的学生，不一定硬要区分成绩的高低。现在提倡的档案袋评价就是一种很适合探究性学习的评价方式。

4.实践性

探究性学习不同于学科知识传授，不能只是坐而论道，而需要实践和活动。要注意的是，不能把实践狭隘地理解为体力活动或与动手技能相关的操作活动，随着自动化程度的不断提高，动手操作的技能在科学实验中的重要性相对下降。重要的是能发现问题，并制订出一套方案去解决问题。技术问题有专门人员去解决。实践并不等于操作，包括从提出问题到求得结论，以及做出评价的整个过程，除了操作之外，思考、计划、找资料、理论探讨、收集数据、分析整理、归纳总结、写报告、写文章都是实践。所谓探究性学习的实践性就是强调探究性学习应以活动为主，让学生亲身经历探究过程，体验、感受探究过程，在实践中创新。

（三）探究性教学的意义

探究性教学实质上是一种模拟性的科学研究活动。具体说它包括两个相互联系的方面：一是一个以"学"为中心的探究学习环境。这个环境中有丰富的教学材料、各种教学仪器和设备等，而且这些材料是围绕某个知识主题来安排，而不是杂乱无章的，这种环境要使学生真正有独立探究的机会和愿望，而不是被教师直接引出问题的答案。二是给学生提供必要的帮助和指导，使学生在探究中能明确方向。这种指导和帮助的形式与传统教学中教师的作用有很大的不同，主要是通过安排有一定内在结构、能揭示各个现象间联系的各种教学材料，在关键时刻给学生必要的指导等。

探究性教学的本质特征是，不直接把构成教学目标的有关概念和认识策略直接告诉学生，取而代之的是，教师要创造一种智力和社会交往环境，让学生通过探究发现有利于开展这种探索的学科内容要素和认识策略。

探究性教学的基本原则是，由学生自己亲自制订获取知识的计划，能使学科内容有更强的内在联系，也更容易理解。当教学任务有利于激发学生的内在动机时，学生认知策略自然能获得发展。同时在这个过程中学生还认识到能力和知识是可变的，从而把学习过程看作是发展的，它既要以现有的学习方法为基础，又要将其不断地加以改进。

（四）影响教师探究性教学能力的因素

1. 教师探究教学的内驱力

探究性教学在关注学生知识和技能有所收获的同时，还重视学生对科学探究的体验和对科学方法的学习，并注重学生情感、态度和价值观的养成。这就要求教师在备课时要做好多方面的准备工作；在具体实施时，要以学生为探究活动的主体，教师要从权威的传授者角色转变为探究活动的组织者、参与者、指导者；在评价时，要采用多元评价主体、多种评价方式和途径。这对于已经习惯了传统教学方式的教师而言，无疑是巨大的挑战。因此，教师是否从内心接受探究性教学方式，是否主动积极地接受有关探究教学性能力的培养与训练，是否心甘情愿研究探究性教学等，将是影响教师探究性教学能力的关键因素。

2. 教师已有的知识结构

教师已有的知识结构影响着教师的探究性教学能力。教师要自如地运用探究性教学必须具备四方面的知识。

（1）学科知识。包括学科教材内容知识，学科内容概念、规律和原理及其相互关系；学科课程知识，学科教学内容知识。

（2）科学本质的知识。包括科学知识是以观察和实验为基础的；实验数据的收集和解释都依赖于当时的科学观点；科学知识是人类想象和创造的结晶；科学调查的方向和成果受当地社会文化的影响。

（3）教育文化背景知识。包括学生特点以及在个体发展与个体差异方面的知识；教学情境的知识，例如小组或班级活动的状况、学区管理与资助、社区与地域文化的特点等方面的知识。

（4）教育策略性知识。包括教师有效地实施计划教学、进行课堂教学和评估教学效果时采用的灵活多变、适应性强的教学策略与方法。此外，教师的科学史知识、科学本质的知识也影响着其专业知识和科学探究的知识水平。

第四节　教师合作学习能力的培养

一、合作学习的要素

（一）合作学习的要素

合作学习要具备两种要素。

一是个人的责任。一个群体的成功，应当使每位成员都具有展现其所学知识的能力。当团体的成功能够根据所有成员的成绩总和而定，或评价成员对团体计划的贡献时，能够显著提高学生的成就感。如果只给学生一张工作单或计划表，而没有分配每个人的任务，学生只能获得较低的成就感。

二是积极的相互依赖。团体的成功有赖于所有成员的协同工作及实现理想的共同目标。这理想的目标是表扬、成绩、奖励或自由时间等。仅仅要求学生合作并不能确保学生学到社交技巧，必须有目的地教育他们。一般认为合作学习应该包含以下五个基本要素。

（1）个人责任，指每个组员必须承担一定的学习任务，并掌握所分配的任务，积极承担在完成共同任务中个人的责任。

（2）正相互依赖，学生不仅知道要为自己的学习负责，而且要为小组中其他同伴的学习负责，进行积极地相互支持、配合，特别是相互依赖（积极的）。

（3）混合编组。

（4）小组评估，对小组内共同活动的成效进行评估，以寻求提高活动的有效性，对小组间的活动成效进行评价，以引起小组间的合作与竞争，发挥群体的积极功能，提高活动成效。

（5）社交能力（合作交流的能力），它是小组合作学习是否有效的关键所在，如果学生缺乏社交技能，即使被放在一起被迫合作，效果也会大打折扣，为了协调各种努力，实现共同的目标，学生必须做到：彼此认可的信任，彼此进行准确的交流，彼此接纳和支持，能建设性地解决问题，只有这样，小组成员间才能建立并维护彼此的相互信任，有效地解决组内的冲突，并进行有效的沟通。

（二）合作学习的理论依据

1. 社会依赖理论

从社会互相依赖理论的角度来看，合作学习理论的核心可以用很简单的话来表述，当所有的人聚在一起为了一个共同目标而工作时，靠的是相互团结的力量，相互依靠为个人提供了动力，使他们：一是互勉，愿意做任何促使小组成功的事；二是互助，力求帮助小组成功；三是互爱，因为任何人都喜欢别人帮助自己达到目的，而合作则最能增加组员之间的接触。

2. 选择理论

选择理论认为，学生有四种需要值得关注，这就是归属（友谊）、影响人的力量（自尊）、自由和娱乐。学校教育的失败不在学业成绩方面，而在培育温暖、建设性的关系方面，这些关系对成功是至关重要的。选择理念是一种需要满足理论，学校则是满足学生学习需要的场所。

3. 精制理论

精制理论不同于发展理论。认知心理学的研究证明，如果要使信息保持在记忆中，并与记忆中已有的信息相联系，学习必须对材料进行某种形式的认识重组或精制。精制的最有效方式之一即是向他人解释材料。通过长期以来关于同伴互教活动的研究发现，在学业成绩方面，教师与学生都能从中受益。

4. 接触理论

接触理论着眼于社会互动关系的研究。提倡学生在学习上的互动和交流，并由此达到群体关系的和谐，接触理论认为，人际合作能提高小组的向心力及友谊。而且，单纯机械的接触，尚不能形成促进性学习，更无法实现增进学习的效果，只有发展成合作性的关系，才能形成有效学习。就接触理论而言，它不但适用于不同的种族，也适用于不同的年龄、性别、社会经济地位或能力的学生。

（三）合作学习的意义和价值

1. 有利于促进学生的社会适应性

合作学习创设了学生互相认识、相互交流、相互了解的机会。在合作学习过程中，他们学会了把自我融于群体之中，小组内的每个成员一起学习、一起活动，久而久之，感到自己难以离开这个可爱的群体，从而培养了他们的合群性与合作能力。这也是一个人具有社会适应性所应具备的基本素质。合作学习培养了学生善于听取别人意见的好品质。通过合作学习，使学生感到要想使自己的学习有所收获，必须做到小组之间每一个成员的相互帮助、取长补短，耐心听取别人的意见，进而培养了小组成员尊重他人、善于倾听别人的意见、帮助本组成员共同提高的品质，成为他们在适应社会中所必备的条件。

2. 有利于培养学生的自主性和独立性

合作学习的目的是培养一个具有自觉能动性、自主性和独立性的人，它是能够培养出一个对事物有自己独特的思维与见解、敢于发表自己的意见、具有社会交往能力的开放型人才的有效途径。小组内的成员能够在小组内进行语言、思维及胆量等方面充分的训练。通过小组成员之间的交流，他们能够大胆地将自己的见解通过语言表达出来，在交流中逐步培养学生能主动与别人交往，形成自己的独立见解。

3. 有利于满足学生的需求，促进学生的全面发展

合作学习在课堂教学中为学生创设了一个能够充分表现自我的氛围，为每个学生个体提供了更多的机遇。人人都有自我表现的机会和条件，相互交流，彼此尊重，共同分享成功的快乐，使每个学生都有进一步发现自我、认识自我、获得发展的机会。

第五节　教师反思能力的培养

反思是教师自身发展的基础和前提，也是教师成长的新起点。因此，了解反思的内涵，提高教师的反思能力是十分重要的。

（一）什么是教师反思

反思是人们对于任何信念或假设性的知识，按其所进行的主动的、持久的、周密的思考。反思是教师最重要的素质之一，虚心、专心及责任心是反思行为的三个基本特质。

有必要指出的是，反思并非教师对教育教学工作进行一般意义的思考和回顾，而是要从反思自我开始，进而反思教学，反思育人，反思课程，反思生活等。即根据反思对象的不同，采取相应的反思方法和策略，达到反思的效果。可以说，掌握了反思的方法和策略，教师就拥有了开启反思之门的钥匙，同时也意味着教师掌握了一定的反思能力。如此看来，有意识、有针对性地培养教师的反思能力至关重要。

反思能力主要分为两大部分：

一是自我监控能力，就是对专业进行自我观察、判断、评价、设计的能力，具体包括自我的意象、职业意识和自我设计。这里的自我意象，是指作为教师进行自我观察时产生的自我满足感、自我信赖感、自我价值感，即教师的个人教学效能感，主要是指教师对自身教学效果的认识、评价，进而产生自我价值感。职业意识，是指教师对教育在学生发展中的作用及其职业生涯和工作境况未来发展的期望。自我设计，是指教师在对专业进行自我的观察、判断、评价的基础上，对自身专业发展的设计。

二是教学监控能力，就是对教学活动的内容、对象和过程进行计划、安排、评价、反馈、调节的能力，主要包括以下六个方面：教学设计、课堂的组织与管理、学生学习活动、言语和非言语的沟通、评价学习行为、教学后反省。

教学设计是指在课堂教学之前，明确所教课程的内容、学生的兴趣和需要、学生的发展水平、教学目标、教学任务以及教学方法与途径，并预测教学中可能出现的问题与可能的教学效果。课堂的组织与管理是指在课堂上密切注视学生的反应，努力激发学生的学习积极性，随时准备有效应对课堂上的偶发事件。学生学习活动是指教师在课堂教学活动中应该对自己的教学进程、教学方法、学生的参与和反应等方面随时保持有意识的反省，并能根据这些反馈信息及时地调整自己的教学活动，使之达到最佳效果。言语和非言语的沟通是指在课堂教学中，教师言语与体态语言是沟通师生双方信息、情感的重要手段，对沟通效果的及时评价与调整是很重要的。评价学习行为是指教师对学生的提问、回答、作业、交流、操作等学习行为进行及时评价，或指导学生对学习行为进行评价。教学后反省是指在一堂课或一个阶段的课上完后，对自己已经上过的课的情况进行回顾和评价。

（二）反思能力与教师专业发展

教师的反思能力决定教师反思的深度和水平，教师只有深刻理解反思的意义，在反思的状态下开展工作，才能推动每一名学生的全面发展。

1. 反思能力与专业水平的相携成长

反思能力能够促进教师的专业发展。教师的专业化运动主要经历了两个阶段：第一个阶段是关注教师作为专业性职业的地位及提高问题；第二个阶段主要关注"教师发展"或"教师的专业发展"问题，即从关注教师的地位问题转向了关注教师的角色、实践方面。在这一过程中，教师的自主专业化发展问题日益凸显出来。培养与提高教师的反思能力，让教师能够对课堂事件和所做的决策进行深思熟虑，将有助于促进教师的专业化发展。

反思有利于教师形成优良的专业精神。反思不是一种能够被简单地包装起来供教师运用的技术，而是一种面对问题和反映问题的主人翁方式。反思涉及直觉、情绪和激情，在反思性行为中，理性和情绪交织其中，三种态度——虚心、责任感和全心全意是反思性行为的有机组成部分。教师形成反思意识，养成反思习惯，加强对事业、对学生、对自己的责任感，有助于形成教师爱岗敬业、虚心好学、自我否定、追求完美等优良专业精神和意志品质。所以，拥有优良专业精神的教师不会轻易地在一些误解、挫折、失败和逆境中变得消沉苦闷，也不至于轻易地因计较某种利益而怠业弃业，而是始终保持一种昂扬的精神状态和稳定的心理品质。通过反思，能提高教师的问题意识和教育研究能力，使教师能主张其决策和行为，并为其辩护，独立解决教育教学实践中遇到的各种问题，进而发挥手中的专业自主权，实现专业自主。

2. 反思能力能促进课程实施与改革

课程的实施与改革要求教师成为反思型教师。首先在处理教育理论和实践的关系上，反思型教师能对教育理论和实践保持一种健康的怀疑与批判。反思型教师能够以开阔、前瞻的思维方式思考问题，以开放的心态看待事物，接纳新思想，不断对自身及个人行为进行思考。他既是教育教学的实践者，又是教育理论的思考者与构建者。此外，在决策方面，反思型教师只要拥有可利用的新根据或信息，就会重新思考既定决策的结论与判断。而且，反思型教师能够对于自己以及自身行为给予学生的影响进行积极的反思。反思型教师注重教学的过程，能够在研究状态下进行教育教学实践，把工作与研究结合起来。

（三）教师反思能力培养的基本原则

为了提高教师反思能力培养的实效，无论是教师自我提高，还是培训部门的培养与训练，都应该遵循以下几条基本原则。

1. 实践性原则

这一原则是指教师反思要在其具体的教育教学实践操作中进行。贯彻这一原则要求对教师反思能力的培养和训练一定要建立在自己亲历的教育教学实践基础上。

2. 时效性原则

这一原则是指教师的反思要对自我"现行的"行为观念进行分析，即要求教师对自己当下存在的非理性行为、观念进行及时的觉察、矫正和完善。该原则所强调的是时间性和针对性，遵循这一原则可以缩短教师成长的周期。

3. 过程性原则

这一原则有两方面的含义：一方面是指教师具体的反思是一个过程，要经过意识期、思索期和修正期；另一方面是指教师的整个职业成长要经过长期不懈的自我修炼。从这个意义上理解，教师反思能力的提高也不是一蹴而就的。落实这一原则要求教师克服急躁或懈怠的情绪，耐心地、长久地、持续地致力于自我反思能力的不断提高。

4. 生成性原则

这一原则是指教师通过对自己教学实践中的行为表现及其行为依据的回顾、诊断、监控和调适，以达到对不良的行为、方法和策略的优化和改善。这种优化和改善就是新的行为、方法和策略的生成。教师经过这一过程，可以加深对教育教学活动规律的认识和理解，使原有的教育、教学能力和水平得到提升，进而适应不断发展变化着的教育改革要求。

（四）教师反思能力培养的基础条件

让教师了解反思内容，熟悉反思过程，掌握反思方法，并形成反思习惯，是培养和提高教师反思能力的基本要素。

1. 了解反思内容

教师反思的内容是相当广泛和丰富的。为了帮助教师反思能力的提高，可以将教师的反思范围和内容简化为五类。即教学反思、教育反思、理论反思、行为反思和社会生活反思。

（1）教学反思。是指教师对教材内容、教学常规、教学方法、教学习惯、教学理念和教学结果等的反思。

（2）教育反思。是指教师对教育理念、教育内容、教育方法、教育对象、教育结果等的反思。

（3）理念反思。教师的经验、习惯、意见或者印象等是教师行为产生的理论基础，因此对教育理念的反思更有助于教师教育思想观念的转变，进而转变教学方式、教学内容和教学行为。

（4）行为反思。是指教师在课堂内的行为选择、方法选择、多方互动策略选择以及判断等，对教育行为的反思是指在课堂教学内外对学生进行德育行为和方法的选择。

（5）社会生活反思。主要是反思社会环境中有利于和制约着学校教育教学和学生成长的因素。

2，熟悉反思过程

反思过程的一般步骤如下。

（1）反观实践，发现问题。反思产生于"问题"和"无知境界"，教师反思的起点便是自我实践中的"问题"。教师反观自己的教育教学并梳理出其中存在的问题，先就特定的问题给予关注，并在可能的范围内搜集与此相关的资料，接下来便分析问题。

（2）自我审视，分析问题。教师依据收集到的资料，以科学的态度对教育教学的本质加以深刻的理解，并在此基础上建立起观念和相应技术性的结构体系。这一过程需要教师有适当的谦恭、足够的勇气、公正的品质、豁达的胸怀、丰富的情愫以及敏锐的判断力和丰富的想象力等。

（3）借助对话，建立假设。教师借助当前问题的有关信息，或通过阅读书籍、请教专家、集体研讨等方式，提出解决问题的各种假设，并对假设的效果进行预测。这一过程是教师将实践中反映出来的问题上升到理论并加以剖析的过程，进而找到解决问题的理论依据和方法，在思想中形成新的观念，建立起新的假设。这是一个持续的过程，因为任何新观念的内化都要经历接受、反应、评价、组织和个性化等五个由浅入深、由不稳定到稳定的过程。

（4）回归实践，验证假设。教师建立起新的假设之后，开始策划新的行动计划和方案，并开始实施此行动，验证假设。当这种行为能够被观察分析时，教师又开始了新一轮的反思循环。这个循环不是简单的思维过程的重复，不是对反思所得认识的无尽讨论，而是通过积极的不断的自我反思实践，使这一过程中得以再生和深化，这也正是反思的价值所在。

3.掌握反思方法

反思本身也是一种经历，教师反思能力的培养与训练在掌握反思方法的基础上，还要经历一定的反思途径。

（1）过程型反思途径。过程型反思包括行动前反思、行动中反思和行动后反思。行动前反思是借助已有的经验和教训，对各种可能提出预设，决定行动路线，以及期望所要达成的结果。行动中反思是面对当前的问题和情境，当机立断地即刻做出决策。行动后反思，又称追溯型反思，这种反思有助于我们理解过去的经历，从而加深对所经历的含义的理解。

（2）对话型反思途径。这种反思实际上是一种交流，主要有文本对话、人际对话和面对面对话。其一，文本对话途径。以对话的方式对待文本，就是不断对文本叩问、质疑、补充、延伸，与文本作者构成认同与反对、提问与应答、缩减与补充的交流关系；其二，人际对话反思途径。人与人之间的对话是意义的表达、解读、转换与创新的过程。对话中蕴含着对他人的言语、行动、意义的尊重、解读和接纳，同时也伴随着对自身原有意义的质疑、反思和改进，双方都有可能突破原有体验与理解的局限，获取新的意义，达到新意境；其三，面对面对话反思途径。其中包括两种形式：一是同型对话。具有相同或相似经历、知识背景的人，对于有着相同兴趣的话题，共同研究探讨，相互印证，实现经验共享。二是异质对话。异质对话就是组织跨学科、跨年级的教师间以及与其他专业理论工作者的对话。这种对话能突破同型对话群体的思维盲点，达到开拓思路，促成不同视野和观点的碰撞、互补与融合。

（3）网上互动反思途径。网上交流的交互性、时效性、共享性等特点，突破了时空限制，实现了教师个体的自主交流、教师群体的合作探究和交互学习。网上互动反思的实施通常是在区域性教育机构或学校网页设置的教育论坛中进行。主要形式有：

教师个体在网上论坛中发起主题讨论，学校组织的网上主题研讨，以某位教师的研讨课为课例开展专题讨论，或以教育教学对教师的新需求为内容的专题学习或讨论等。

六、教师自我反思能力的养成

教师自我反思能力的形成是一个漫长的过程，它贯穿教师职业生涯的始终，需要教师在职业生涯中自觉地进行培养与训练。具体可以采取以下几种做法。

（一）养成反思习惯

教师要养成反思习惯，应该从具体的自我反省开始，如从观察学生的言行、写反思日记或教育随笔做起。当上完一节课，批评了某一名学生，或处理了一场班级风波时，留心观察每一个学生的反应，分析不同学生的心理状态，从中反思自己的教育教学行为，以及隐藏于行为背后的教育理念。

教师反思自我还可以通过"问题单"的方式进行。问题单的设计主要涉及以下三个方面的内容：第一，对自我的认识。包括：个体内差异问题，如有关自身的兴趣、爱好、个人特征，自己的长处与短处等；个体间差异的问题，如自身思考问题、解决问题方式方法上与他人的差异等。第二，对实践活动的领悟。具体指对活动的性质和要求的认知。第三，对策略的运用。比如，进行某种实践活动总共可以有哪些方法策略，分析这些方法策略的优势与不足是什么，它们应用的条件和情境如何。

为了保证教师的自我反思不被繁忙的日常教学任务中断，除了随时随地进行外，还可以安排固定的时间，制定自我约束的日反思、周反思或月反思（一般以周反思为宜）制度，形成反思的经常化、制度化和规范化。最后，教师还可建立自我剖析档案或绘制自我专业发展剖析图，以便学生更好地了解自己专业发展的变化和进步情况。

（二）制订专业发展规划

教师的专业发展是一个终生的、全面的、连续不断的过程，它涉及个人、组织和外在环境等错综复杂的因素。教师要善于分析和利用各种不同的因素，学会根据不同环境和因素制定和调整个人专业发展规划，确立个人发展目标，引导自身的专业成长。

教师制订个人专业发展规划的程序是：

1. 认识自我

在制定专业发展规划之前，须准确了解自己目前的专业发展状况和水平。要从教师专业知识、专业技能和专业情感的角度审视自我，从教育观念、角色和行为等多维视角反思自我，对自己准确定位。

2. 明确方向

在教育教学中教师个人发展的机会很多，比如改进教育教学，从事科学研究，增进师生关系，开发校本课程等。从教师自身成长方面，如由普通教师逐步发展为骨干教师、学科带头人、教育专家等。在教育行政方面，教师可以评估自己兼任行政主管，如教研室主任、校长等职位的机会。要在不同时期，找出自己的优势和劣势，明确未来发展方向。

3. 确定策略

教师的专业发展代表着教师个人在工作上所努力追求的理想，它包括短期、中期和长期目标。当专业发展目标制订后，就应制订行动策略。一个好的行动策略不单单是一个活动项目，而是包含许多活动的组合。

4. 实现目标

要实现目标，应把握关键因素。这里的关键因素主要包括：教师能够实施自我专业发展管理，作出学习决策（如需要学习哪些内容、如何学习以及何时学习），对自己的专业发展做出判断，选择恰当的学习形式（如阅读有关材料、个人自学、请专家指导或参加专门的研讨及团队学习），把各种行动策略进一步细化为行动方案等。

5. 反思评价

当教师的个人专业发展规划陆续实施并完成后，教师还要对实施和完成的效果进行反思与评价，看是否达到了预定的效果，并存在不理想、欠妥当的地方，然后针对问题和不足加以反思，并设法改善和弥补。通过对第一个步骤与目标实施状况的评估，及时加以调整与修正，使自己的专业发展目标更有效率地达成。

（三）开展同伴交流

教师反思自我，并非主张让教师自己孤立起来，而是让教师自己主动地、积极地追求专业发展，保持开放的心态，随时准备接受、更新教育观念和专业知识技能。并以此为目的，消除彼此的隔阂，寻求同样的合作与帮助，同样是"反思自我"的重要策略之一。

由于教师工作的独立性，人们仍然视教师工作为一种孤独的职业，尽管这种描述有不完整性。但是，在现有的教师专业生活中，确实存在与学生之间隔离，与其他教师相隔离的现象。一些教师不想与别人交流是因为不想让其他人知道自己的问题，害怕说自己是一个不称职的教师。由此可见，与其他教师合作、交流，必须有一个相互信任的氛围。因为，反思必然要公开揭示自己存在的问题，公开自己的困惑和遭受的挫折，如果没有良好的氛围，极易使教师受到不必要的伤害和打击。所以，教师要实现自身的专业发展，必须突破目前普遍存在的教师彼此孤立与封闭的现象，应该学会与同事、同行进行合作和交流。

（四）进行自我评价

教师进行自我评价是一个自我超越、自我发展的过程。

第一，自我评价与外在评价相比，具有认识论上的优越性。教师最了解自己，最清楚自己的工作背景和工作对象，最知道自己工作中的优势和劣势。因此，对教师的评价首先必须是教师的自我评价。

第二，自我评价能改变教师原来消极被动的被评价地位，成为评价主体的一员。这一转变将极大地激发教师的主体意识，使教师以主人的方式主动、自觉地研究自己的教育教学，重视自己行为的转变与学生学习状态之间的关系，注重教育教学理念和技巧的内化。

第三，自我评价能使教师对自己的工作表现、进步状况进行全面的分析与评价，能自我反思、自我教育，提升教师自身的反思能力。

第六节　教师教学评价能力的培养

（一）教学评价的概念

教学评价是结合教育目标的要求，按一定的规则对教学效果作出描述和确定，是教学各环节中必不可少的一环，它的目的是检查和促进教与学。

教学评价通常有广义和狭义之分。广义上，教学评价包括学校教学管理在内的教学工作的评价，教师对学生学习和发展情况的评价，校长对教师教学绩效的评价、教育行政部门对学校办学水平的评价等。狭义上，教学评价为教师教学（主要是课堂教学）的评价。

（二）对教学评价能力的理解

1. 教学评价是根据新时期教育目标的要求来确定的

教育要坚持以人为本，重视学生创新精神、实践能力和科学态度的培养，积极倡导个性化教育，努力提高教育质量，促进人才的健康成长和人的全面发展的目标，这是由我国的教育目的所决定的。

2. 教学评价是按照一定的规则（价值标准）对教学效果进行评定的

怎样看待学生，把学生看成什么样的人，对学生采取什么态度？教师在教学设计中，为学生搭建怎样的发展平台，怎样遵循学生心理发展规律？选择怎样的价值观进行备课？在教学过程中，教师应用怎样的教学策略？师生之间进行了怎样的心灵体验和价值感悟，以及是否拥有获取知识的快乐？对这些教学问题的不同选择，就形成了教学评价准则。评价者按照这样的规则与标准，对教学效果给予了专项或综合的评价。

3.教学评价是教学过程中的必要环节

教学评价作为教学过程的一个环节，它执行着一种特殊的反馈机制，是克服教学活动对目标的偏差，使教学活动保持稳定发展的重要途径。没有教学评价，就会由于教学过程的不完整，使教学行为、方法、策略无法能得到应有的、及时的检验和调整，教学水平的提高幅度就不会很大，甚至使很多不利的、仍然处在误区中的教学观念、教学方式成为新的教学定势，这对于课程改革的有效实施十分不利。因此，教学评价的过程是一个自我教育的过程，也是学生和教师共同提高和发展的过程。

4.教学评价的目的是检查和促进教与学

教学活动涉及的要素众说纷纭，包括教师、学生、课程、教学方式、教学内容、教学技术、教学策略、教学评价等等。但是，基本的教学活动要素可以确定为：学生、教师和课程。课程是教师和学生之间连续的中介。新时期的教育价值取向要求教师具备新的教师观和学生观以及新的教学策略和师生关系，教学评价标准与要求也就随之有新的转变。为此，促进教学的实效，发现和检查教学各环节所存在的问题，又促进人的发展，灵活调动教学活动中的各种要素，及时纠正并修正教学计划与安排，积极、合理、有效地利用各种教育资源，是高职教育始终不渝的追求。

（三）教学评价的特征

课程的教学评价有 3 个特征。

1.人本性和发展性

教学评价的人本性是指评价教师在教学设计、教学过程、教学反思等各个环节是否"目中有人"，即把学生放在重要位置。人本性的实质是以"学生的学"来评论"教师的教"，以促进学生的发展论教师的水平，以促进学生的全面发展来评价教师的教学绩效。

教学评价的发展性是指评价注重对教师在教学计划、教学内容、教学手段、教学目标等方面是否以学生的发展作为教学出发点和基准点。评价关注学生将来的发展趋势和能力倾向，就是发展性评价的体现。评价是教师基于学生发展做出的评定，是让学生对同学的才华给予评价，这样既可以使被评价者得到激励，也可以使评价者在参与评价中展示和提升自身的能力水平。

2. 层次性与差异性

对学生之间的评价来说，不同的学生拥有不同的审美视角，有不同的评价取向，学生参与评价，是形成层次性和差异性的重要因素。一个学生发表了个人的见解或表述一种较有见地的思想后，让其他学生给予各自的评价，会使被评价的学生受益匪浅，同时也会使参与互动评价的其他学生开阔视野。学生会在这样的学习环境中找到自己的成功点，进而激发浓厚的兴趣，形成和谐的学习氛围。

对教师而言，因教学经历有所不同，所教学科特点和自身所积淀的文化素养存在差异，所以教师在教学中无论是教学方法、教学过程、教学策略，还是教学手段以及对学生的引导、激励与评价等等，都会具有各自的风格。教师在教学各环节之中，在注意对学生的参与性、主动性和发展性提供空间和舞台的同时，也要注意与自己的特长优势有机地结合，扬长避短，引导学生营造主动发现、主动探究、自主研究、和谐积极的学习氛围。

3. 过程性与综合性

教学评价的过程性，主要体现在评价重心更多地转向关心学生求知的过程、探究的过程和努力的过程。综合性评价主要体现在对学生，对教师，对课程和对教学活动的评价且更关注综合发展态势的考查，质与量，结果与原因，智能与非智力因素等各项因素的总体性评价。

过程性评价能深入到学生的成长历程中去，能及时了解学生在发展中遇到的问题、所做出的努力以及获得的进步，这样可以有效地帮助学生形成积极的学习态度、严谨的探究精神，有利于学生在学习过程中情感的体验、价值观的形成。

过程性和综合性评价是为了实现学生"知识与技能"、"过程与方法"以及"情感、态度与价值观"的全面发展。

（四）教师教学质量综合评价

所谓教师教学质量综合评价，就是利用教育评价的理论和技术对教师教学过程及其结果是否达到一定质量要求做出全面的价值判断，其目的是促进教学质量不断提高和对被评价对象做出某种资格证明。教学质量综合评价的特点是对评价对象进行整体的、全方位的、动态的评价，而不仅仅单一对教学结果进行评价。建立科学全面的教师教学质量评价体系，对教师的教学质量进行客观合理的评价，可以使教师获得全面综合的反馈信息，有利于教师及时改进教学工作方法，同时也可以为教师晋级、职称评聘、年度考核评优等工作提供基本的依据，有利于促进高校管理更加科学化、规范化。

综合评价的目的是：

1. 检测教学效果

教师教学质量综合评价是一种有目的、有计划、有组织的动态评判过程。综合评价可以通过问卷调查、指标评分、推门听课等方式，收集有关教师教学各个侧面的信息，然后根据一定的评价标准对这些信息进行科学客观的分析处理。对教学目标是否达到、教学任务是否完成、教师的教学方法及水平如何等方面的指标都可以通过教学综合评价加以测定。教学质量综合评价不仅要对教师的教学内容、学生知识点的掌握情况进行测定，还要对学生学习态度、兴趣、方法等较难量化的内容进行科学的检测。

2. 反馈教学问题

对教师教学质量进行评价仅仅是一种方式，它所获得的信息还必须通过一定的系统迅速准确地反馈给有关部门和教师。通过教学综合评价，教师可以了解自己的教学目标是否合理，教学重点难点是否讲清，教学方法手段运用是否得当，从而调整教学策略，改进教学行为，有针对性地解决教学中存在的各种问题；同时通过教学综合评价，有关部门可以及时准确地获得教学信息，通过对这些信息的分析处理，及时调动各种调控机能，对教学过程中出现的问题进行纠偏整改，对影响教学质量的主要因素进行控制，预防其对教学过程可能产生的负面影响，从而保证教学活动的有序高效进行。

第五章 高校凝聚力与师资队伍建设

第一节 高校凝聚力概述

要研究高校凝聚力，首先应该对高校凝聚力进行理论阐述，本章从增强高校凝聚力角度出发，从高校凝聚力的内涵、类型、特征、价值、影响因素等方面进行论述。

一、高校凝聚力的内涵、类型与特征

（一）高校凝聚力内涵

群体凝聚力指群体对其成员的吸引力和群体成员之间的吸引力以及群体成员对群体的满意程度，在本研究中，根据这一定义，我们认为，高校凝聚力指高校对教师的吸引力、教师对高校的满意程度与向心力、教师之间及教师与其他学校成员之间的相互吸引力或接纳程度。

首先，高校凝聚力是学校对教师个体的吸引力。具体表现为教师非但不愿意离开学校，反而被学校所吸引，热爱学校。从内部因素考虑，学校对教师个体的这种吸引力主要取决于高校的共同目标和工作吸引力、组织结构、管理制度、校园文化、管理者和人际关系。从外部因素考虑，主要源于社会对高校教师的教育教学工作的认可和支持。

其次，高校凝聚力是教师个体对学校的满意程度和向心力、这种教师个体对学校的满意和向心力表现为教师对学校及学校工作不仅没有不满与怨气，而

且产生广发自内心的认同感和自豪感，它在一定程度上奠基于学校对教师的吸引力，并使教师个体对学校拥有热爱之情，对岗位抱有敬业之意，对工作奋发有为，对学校生存与发展高度关注。

最后，高校凝聚力是教师之间及教师与其他学校成员之间的相互吸引力或接纳程度。这种相互吸引力或接纳程度主要建立在教师之间及教师与其他学校成员之间融洽、和谐的人际关系之上，表现为教师与教师之间取长补短、共同发展的关系，教师与管理者之间的理解支持、相互信任的关系，教师与职工之间彼此尊重、相互合作的关系，教师与学生之间形成尊师爱生、教学相长的关系，这种和谐、融洽的人际关系能促使教师们更好地完成工作任务，有利于学校的发展。

（二）高校凝聚力类型

扎克兴罗和他的同事将凝聚力分为任务凝聚力和人际凝聚力。前者指由于成员对群体任务的喜好或责任感或由于群体能够帮助其成员实现其重要目标和满足其重要期望而产生的凝聚力，主要源于群体的工作目标和群体所提供的工作激励；后者指群体因人际关系良好而产生的对成员的吸引力，产生于群体成员的归属感和成员间的相互喜欢。特则纳也作了类似但名称不同的区分，他将凝聚力分为工具凝聚力和社会情感凝聚力。前者指基于任务、目标的凝聚力，其产生的基础是群体成员在共同实现目标和完成任务的过程中所必须具备的信任和合作行为；后者指建立在社会情感或情绪基础之上的凝聚力，其产生与成员参与群体决策和从群体获得情感满足有关。根据这种理论，我们认为，高校凝聚力也可以分为任务凝聚力和人际凝聚力，任务凝聚力是指由于高校教师对学校教学、科研、社会服务等工作任务的热爱、喜好或责任感或由于高校能够帮助教师实现其重要目标和满足其重要期望而产生的凝聚力，主要源于高校的工作目标和高校所提供的工作激励；人际凝聚力是指高校因教师与教师、教师与管理者、教师与职工、教师与学生之间的人际关系良好而产生的对教师的吸引力，奠基于高校教师的归属感和教师之间及教师与其他学校成员之间的相互认同、接纳、喜欢、关心、支持等。据此，高校凝聚力建设应避免只重视任务凝聚力建设而忽视人际凝聚力建设的问题，要同等重视和加强这两种凝聚力建设。

（三）高校凝聚力特征

高校凝聚力具有动态变化性、动力性和多维性的特征。

高校凝聚力的动态变化性是指高校凝聚力会随着影响高校凝聚力因素的变化而变化。这是因为，影响高校凝聚力的因素不是静态不变的，而是发展变化的，这些因素的变化必然会使高校教师先前对这些因素的认知或感受发生改变，继而使学校对他们的吸引力、他们对学校的满意度与向心力以及他们相互之间的吸引力出现变化，进而影响了高校的凝聚力。例如，若学校的组织结构发生改变，新的组织结构设计不能做到量才而用，难以满足教师发展的需要，那么教师对先前组织结构满意的认知就会发生改变，对新的组织结构设计不满，导致他们对学校的向心力减弱，从而降低了学校凝聚力。

高校凝聚力的动力性是指高校凝聚力会对高校教师的行为产生影响进而决定学校的绩效。群体动力心理学家勒温通过研究发现，群体的凝聚力能给群体成员的行为以动力，引发、维持并调节群体成员的行为，对群体成员的行为产生直接影响，并通过群体成员的行为而影响群体的绩效或群体目标的实现程度，凝聚力强的群体，成员之间表现为相互合作、友好、相互鼓励和支持等，成员的工作积极性高；而在凝聚力弱的群体中，成员之间相互指责、批评，相互推诿责任，造成工作不努力。同理，在高校中，凝聚力的高低也会对教师的行为产生直接影响。凝聚力高，则教师围绕学校的办学目标和中心工作，同心协力，积极主动地开展工作，他们遇到矛盾能主动地相互沟通，达成一致，彼此之间也愿意承担更多的责任；反之，凝聚力低，那么学校人心涣散，工作缺乏积极性，教师不愿意承担责任，出现问题相互推诿，严重的将直接导致教师讨厌工作甚至离职。

高校凝聚力的多维性是指形成高校凝聚力的因素是多方面的。前面指出，国外学者认为，凝聚力可分为工作凝聚力或任务凝聚力与人际凝聚力或关系凝聚力，高校凝聚力也可分为工作凝聚力或任务凝聚力与人际凝聚力或关系凝聚力，因此，在我们看来，高校凝聚力有的是因为高校能够帮助教师实现自己重要的目标和满足自己重要的期望而产生的凝聚力；有的来源于教师之间及教师与其他学校成员之间良好的人际关系而产生的对成员的吸引力；有的是因为高校工作本身的带来乐趣、发展性和挑战性等能使教师喜欢、热爱学校工作而使其产生对学校的向心力；有的是因为高校提供的良好教学、科研条件能使教师具备工作成就感而产生的对学校的向心力，等等。当然，高校凝聚力不可能是单一因素的产物，而是多种因素作用于教师后而产生的积极结果。

二、高校凝聚力的价值

（一）高校凝聚力促使教师产生归属感、自豪感、责任感和工作积极性

首先，高校凝聚力促使教师产生归属感。每个人都具有归属于一定群体的社会需要，希望自己成为教师群体中的一员，和他人保持有意义的联系，并能得到群体的认同、接纳、关心和帮助。教师对学校的归属感，就是教师将自己在社会中的位置定位在所处的学校，认识到自己是学校的一员和学校对自己的重要性，使自己各层次需求得以满足，将自己的命运与学校联系起来。如果高校能够满足教师工作、生活、娱乐等方面的需求，为教师的发展创设良好的校园物质环境和积极向上的校园精神环境，为教师的成长、自我价值的实现提供条件，那么，教师就会有归属感，就会愿意在高校与其他教师、管理者、职工、

学生一起为了学校的发展而积极努力地工作。

其次，高校凝聚力促使教师产生自豪感。自豪感就是教师以学校为荣，为学校骄傲，认为自己的学校有令人羡慕的对社会的贡献、良好的声誉、美好的形象并且自己有可观的收入，因此产生荣耀心理。如果社会或外界对学校的评价高，学校的知名度高，在这样的学校工作的教师就会因此产生强烈的集体荣誉感以及自豪感。

再次，高校凝聚力促使教师产生责任感。教师责任感是教师分内应做之事或本职工作要努力做好的强烈愿望。教师被学校吸引，认同学校目标，对学校的满意度比较高，喜欢和热爱自己的学校，就会关心自己的学校，时刻关心学校的未来发展，将学校的命运、发展和前途与自己的利益获得和价值实现联系起来，产生对工作或职责的强烈责任感。

最后，高校凝聚力促使教师产生工作积极性。管理心理学认为，需求是工作者对某种目标的渴求或欲望，工作动机是推动工作者去从事工作并指引工作者去满足需求的动力。工作者的需求得到满足时，就会产生努力做好工作的动机，就会有很高的工作热情，并表现为始终如一的工作努力，但这种动机的强弱同群体对他们关心的程度和他们的需求被满足的程度密切相关。如果学校关心教师，满足教师的需要，提高他们的满意度，将教师紧紧团结起来，凝聚在一起，教师就能产生强烈的工作动机和高涨的工作积极性，产生积极向上的强烈愿望，表现奋发有为的精神面貌，就会处于最佳精神状态，精力、时间、智慧就会被吸引到工作中，全校教师心往一处想，劲往一处使，努力完成各项任务，实现学校的办学目标。

（二）高校凝聚力能规范教师的行为

高校凝聚力规范教师的行为是通过形成良好的群体规范和正确的群体舆论实现的。

首先，高校凝聚力能够形成良好的群体规范。群体规范是指群体所建立的普遍认同的行为标准与准则，是群体成员必须遵守的行为准则及评价体系，由一整套不成文和成文的必须遵守的规则组成，规定了每个成员的行为，只有凝聚力强的群体才能建立和形成成员都能遵守的群体规范。显然，高校规范的形成有利于教师确立共同的观念与价值标准，从而培养教师的集体观念，强化教师的职业道德，规范教师的行为，遵守学校的规范，增强自律意识，养成良好的行为习惯。

其次，高校凝聚力有利于形成正确的群体舆论。群体舆论是指在群体范围内发生的舆论，它表现了群体内多数人对普遍关心的事情或问题的一致意见、情绪和意志。凝聚力强的高校，教师间关系融洽，交往频繁，沟通及时，信息传递快捷，更容易形成正确的群体舆论。群体舆论的形成能够对教师的不良行为形成群体压力，使教师有效地抵制各种错误思想的影响，互相监督、抵制不良行为，有效地消除散漫、随意的现象，提高教师行为的自我约束力。

三、影响高校凝聚力的因素

高校是一个处于开放系统状态下的组织。在开放系统中，组织存在于"组织场"中。同样，学校也处在由众多因素共同构成的组织场中，这些因素对学校产生影响。高校的组织场中也有很多因素，它们影响高校，对高校教师的心理产生作用，从而也影响着高校凝聚力。在这些影响高校的因素中，既有外部因素，又有内部因素，它们之间相互作用，共同影响高校凝聚力。

（一）影响高校凝聚力的外部因素

我们认为,影响高校凝聚力的外部因素很多,限于篇幅,主要分析以下因素:

1. 社会生活方式与社会重视人才的程度

一方面，社会生活方式影响高校凝聚力。生活方式是指个人、家庭及相关人群在一定历史条件、社会环境中，为谋求自己的生存与发展而选择、确立的日常生活的诸方面构成和实现方式。高校教师作为社会人，其心理认知、行为选择和工作态度等都会受到社会生活方式的影响。当社会的生活方式处于积极向上状态时，例如，人们都主动积极地关心、帮助对方，普遍认同集体利益高于个人利益，普遍关心、忠于自己所属的组织等，就会潜移默化地对教师的心理产生积极作用，从而影响他们的日常行为，促使他们将自己的个人目标融合在学校的发展目标之中，增强集体观念，形成献身学校的精神；也使教师在面临利益冲突时能够为了学校的发展相互理解、团结、合作，从而有利于形成良好的人际关系，增强高校的凝聚力。

另一方面，社会对人才的重视影响高校凝聚力。马斯洛在他的需求层次理论指出，所有的人都有尊重的需求，需要自尊、自重，或被他人尊重，渴望自己的努力得到承认，希望得到他人和社会的高度评价与重视。高校教师属于知识型劳动者，相对于其他劳动者，他们更渴望获得尊重与重视。社会对人才的重视必将促使高校教师看到自己工作的价值，认同、喜欢、热爱教师职业，表现出巨大的工作热忱，产生更高的工作积极性，并使他们因自己是高校教师而幸福、自豪，产生职业荣誉感和对学校的向心力，进而增强他们的凝聚力。其次，社会对人才的重视，促使社会各行各业和各种组织更加激烈地竞争或争夺人才，高校教师由于大多都是各领域内的行家，是组织核心竞争力的源泉，对于组织的发展起关键作用，必将成为竞争或争夺的首要对象。高校为了吸引、留住人才，必然关注教师，关心教师，改善管理，提高他们的满意度，吸引他们，使他们愿意为了高校的发展贡献自己的智慧与力量，从而提高高校的凝聚力。

2.高校教师的社会地位

对高校教师社会地位的衡量，一般以教师的经济待遇、教师的社会权益和教师的职业声望等为评价标准，因此，高校教师的社会地位是影响高校凝聚力的一个因素。高校教师社会地位对凝聚力的影响主要表现为：

首先，高校教师经济待遇会影响高校对教师的吸引力。马斯洛的需求层次理论指出，人的一切需求中，保障自己生存的需求即生理需求是最基本的需求。高校教师作为生命体，在社会上得以生存的第一需要也就是保障自己所必需的物质生活，而这种保障主要以经济待遇为前提条件。因此，高校教师经济待遇不仅关系涉及到教师生理需要满足的程度，而且会影响到他们对教师职业的忠诚度。若在整个社会行业中高校教师的经济待遇居于中上水平甚至更高，他们就会安心服务于本职工作，对学校的忠诚度就会高，学校对他们的吸引力也就会大；反之，若其他行业的经济待遇远高于高校教师的经济待遇，那么他们的心理就容易失衡，高校对他们的吸引力也会随之减弱，进而导致他们的工作积极性低甚至离职。

其次，高校教师权益保障直接影响高校教师对高校的向心力。教师的社会权益包括两方面内容，一是指教师在履行职责时所具有的权力；二是指教师在社会中享有的合法利益。这两种权益的保障都必须有国家相应的法律、法规去规范。这样，当教师的权益受到侵害时，他们才有维护自己合法权益的依据，才能使他们觉得自己的职业有保障，愿意继续留在高校从事自己的工作，从而增强他们对高校的向心力。反之，社会若没有保障教师的社会权益，教师就会有不公平感，就会产生离职倾向。

最后，高校教师职业声望直接影响高校教师队伍的稳定。职业声望反映着一个社会对一定职业的评价的高低，进而决定着人们对这一职业的肯定或否定、尊重或鄙视的态度。作为知识型劳动者，高校教师有受尊重的需要，社会对高校教师职业评价高，尊重教师，教师对自己的职业就充满了自豪感与荣誉感，就更愿意从事教师这一职业，高校对他们的吸引力就越大，进而会增强高校的凝聚力。相反，若教师职业声望低，不受人尊重，高校教师就会嘲笑自己当初选择教师这一职业的决策，就不愿意继续留在高校，而去另谋职业。

3. 高校的外部压力

罗宾斯指出，大多数研究支持的一个命题是：如果群体受到外部攻击，群体凝聚力会增强。巴克在研究影响群体凝聚力的因素中指出，群体的外部压力会对群体内部成员产生影响。当群体面临与其他群体的竞争和冲突而感到压力很大时，群体内部成员的矛盾会缓和甚至停止，矛头一致对外，群体凝聚力会急剧提高。同理，当高校面临外部压力时，教师之间相对于以往会更团结，更具有凝聚力。这是因为，从组织行为学来分析，外部压力能够对教师的行为产生激励作用。行为主义理论家伍德沃思指出，有机体在环境中由于缺失某些东西会产生多种需要，需要产生时，有机体内部会产生一种"驱动力"，使有机体释放一定的能量和冲动，激发和推动有机体表现出满足需要的行为。根据管理心理学中人是组织实现目标的工具和组织是人满足需要、自我实现的工具的原理，高校作为教师需求满足的工具，它的生存与发展直接关系到教师的利益，特别是直接关系到教师的生存与发展，直接关系到教师需求能否满足和满足的程度。当高校面临外部压力时，高校的生存和发展就会受到威胁，高校教师的需求满足、利益获得、自我实现就会直接受到影响，因此，高校的外部压力使教师产生危机心理，为了保证自己的需要和利益，高校教师就会齐心协力，团结起来，高校的凝聚力也会因此而得到增强。

（二）影响高校凝聚力的内部因素

唯物辩证法认为，内因往往是促成事物发展的主要原因，外因对事物发展会有一定影响，但不起决定作用。这一原理告诉我们，外部因素对高校凝聚力的影响比较小，内部因素的影响更大，因此，以下重点分析影响高校凝聚力的内部因素。

管理心理学的研究表明，工作中的报酬、提升、管理、工作本身、同事关系等五个因素影响工作满足感，还有研究者在综述中指出，心理挑战性的工作、公平的报酬、支持性的工作环境、融洽的同事关系以及人格与工作的匹配等因素决定了工作满足感。显然，这些都是群体的内部因素，它们通过影响员工的工作满意度而决定群体凝聚力。同理，高校的工作目标、工作特性、组织结构、管理制度、管理者、校园文化、人际关系等内部因素也会影响高校凝聚力。

1. 工作目标

群体动力学研究证明，确定共同目标是促进其凝聚力提高的一种途径，由此可见，共同目标对于组织成员具有凝聚功能。同理，高校的共同目标对于教师也具有凝聚功能。所谓共同目标指学校和所有教师一起享有的目标，之所以共同目标具有凝聚功能是因为：首先，共同目标是立足于学校实际，在现有办学条件下制定的总体发展目标，体现了学校的总体发展方向和各个时期的发展规划，能为教师提供清晰的学校未来发展方向，使教师能看到学校的未来、自己的前途和发展的可能性，从而有利于教师规划自己的职业生涯，增强他们的归属感和安全感，安心地留在学校工作，从而增强了学校对教师的吸引力。其次，共同目标能被全体教师认可和接受，并为之奋斗，从而能够使学校各院系、各学科各专业的教师统一认识，树立全局观念与集体观念，经常沟通，淡化个人利益和冲突，为了学校的发展相互配合、彼此协调，产生良好的人际亲和力与凝聚力。

2. 工作特性

管理心理学家提出了任务或工作特性理论。其中，特勒尔和拉卫斯认为，复杂性的任务对工作者更有吸引力，在他们看来，任务的复杂性可从变化性、自主性、责任、所需知识及技能、所需的社会交往、可选择的社会交往来衡量。霍克敔和欧德孟提出了工作特性模型，认为任何工作的吸引力都可以用技能多样性、任务一致性、任务重要性、工作自主性和工作反馈这五个核心指标来描述。我们认为，高校工作的三种特性影响教师凝聚力。一是高校工作的重要性。"教育是民族振兴、社会进步的基石，是提高国民素质、促进人的全面发展的根本途径，寄托着亿万家庭对美好生活的期盼。"高校工作是意义重大的工作。因为"在一个知识越来越重要的社会里，越来越多的人将教育视为希望所在，良好的教育意味着更好的未来"，高校教师教书育人，开展科学研究，为这种未来和希望创造条件，这就使教师看到了自己的职业价值，从而提升了他们对于教师职业的忠诚度，增强了他们对实现其职业价值所在组织—高校的向心力。二是高校工作的自由探索性。高校相对于其他社会组织的最大特点是学术性，高校工作需要教师自由探索。高校能够为教师提供比较优良的科研条件，如经费、时间、设备、氛围等，让他们顺利进行科研活动，这就使得高校教师对自己的领域能够自由探索，满足了他们探索、研究的需要。同时，高校教学也是学术活动，具有学术性，需要教师自由地开展教学和教学研究工作。因此，科研与教学工作有利于提高学校对教师的吸引力以及教师对学校的向心力。三是高校工作的成长发展性。无论是教学、科研还是社会服务，高校教师在培养人才、推进科学发展和输出科研成果的同时，其知识得以丰富，能力得以提高，智慧得以长进，自己得以充实与发展。例如，通过科研，他们在与同事：合作中共同提高；通过教学，他们在与学生合作中实现教学相长；通过与同事的相互切磋，他们的教学水平得以提高……这使他们可以从科研新手成长为学问家，成为学术大师，也可以从教学新手成长为专家型教师，成为教学名师。因此，高校教师对学校的向心力更强，更愿意留在高校贡献自己的力量。

3.组织结构

组织结构是组织内部纵向各层次工作群体、横向各个部门的设置及关系的总和。组织结构设计规定了组织内各成员的工作职责与各部门的工作范畴，直接关系着各部门、各成员间的利益，会对组织成员的心理产生一定影响，从而影响到组织成员对组织的向心力与组织的凝聚力。具体而言，若组织分配的角色正好符合组织成员个体的个性特点，导致组织的角色期望与组织成员的个人需要一致，就会促使组织成员愿意留在组织中贡献自己的力量，从而增强组织成员对组织的向心力。同理，高校作为一个组织，当高校的组织结构的设计和岗位或职位的设置符合教师的角色期望，符合教师的个人发展预期，有助于他们实现自我价值和产生愉快情绪时，则教师满意学校，对学校就有向心力，学校的凝聚力就强。相反，当组织结构的设计和岗位或职位的设置不符合教师的角色期望，不利于教师实现自我价值时，教师对学校就会失望，学校对他们的吸引力就会降低，高校凝聚力也更加无从谈起。

4. 管理制度

制度是解决有序化、规范化的硬约束，离开了制度，事物就会处于纠缠不清、混乱无序的状态，各种矛盾就会不断产生并激烈碰撞，引发各类冲突，冲突使组织的凝聚力下降。因此，制度影响凝聚力。高校的管理制度对高校凝聚力的影响主要表现在：管理制度能够保障学校各项措施顺利实施，保障教师的正当权益，提高教师对学校的满意度，从而增强他们对学校的向心力与学校对他们的吸引力。如果教师管理制度、教师评价或考核制度、教师职称晋升制度、教师薪酬津贴制度、教师培训制度、教师奖惩制度等充分考虑教师的利益，兼顾教师的需要，并且能够始终如一地贯彻执行，则多数教师就会觉得自己的权益有了保障，对学校的满意度就会提高，就有了向心力。否则，就会引发不必要的摩擦，造成教师人际关系紧张，进而严重影响教师间的团结，削弱高校凝聚力。

5. 校园文化

文化可以被定义为凝聚群体的共享思想观、价值观、信仰、期待、态度和规范。因此，文化本身具有凝聚功能，同理，高校的校园文化对高校教师也具有凝聚功能。鉴于校园文化分为物质文化（即学校环境以及一些文化建设的硬件设施等）、制度文化（包括学校中那些长期形成的校风、校训、校貌、礼仪、习惯、习俗、成文或虽不成文但已约定俗成的制度等）、精神文化（主要指价值观念），高校的校园文化对高校教师的凝聚功能主要从这三方面分析：

首先，校园物质文化对高校教师的凝聚功能表现为学校物质环境通过使教师感到舒畅、安全从而对他们产生吸引力和凝聚力。校园物质环境是校园文化的物质性载体，是校园文化赖以产生、发展的基础和骨架。完善的建筑设施、优美的校园环境，会使生活于其中的校园人情绪稳定、心境平和。心理学研究发现，稳定的情绪、良好的心境会促进人主观能动性的发挥，增强人的工作动力与热情，从而增强人对所处组织的向心力。因此，具有一定文化色彩和教育意识的物质环境，能使学校各种物化的东西都体现出学校的个性和精神，从而能激发教师的集体荣誉感，给他们愉悦的文化享受和催人奋发向上的感觉，让他们更愿意、更安心地为了学校的共同目标而努力，增强他们对学校的向心力。

其次，校园制度文化对高校教师的凝聚功能表现为高校通过校风、校训、规范、礼仪等将学校所倡导的价值观念、行为准则，以启迪、熏陶、感化和塑造等方式，引导和规范教师的思想行为，使不符合校园制度文化要求的心理和行为感受到无形的压力，对不良的心理倾向和行为具有抵御作用，有利于形成教师集体心理相容的状态，让教师能更加安心地在和谐、融洽的氛围中工作，从而增强教师间的吸引力。

最后，校园精神文化对高校教师的凝聚功能主要表现为它能借助精神纽带吸引和团结校内所有教师，并唤起和激发每位教师对学校的深挚感情而把他们紧密地联系在一起，能在校园内建立起高度和谐、信任、友爱、理解、互尊的群体关系。这种群体关系有利于排斥任何有悖于校园精神的离心情趣，形成教师群体共同拥有的责任意识、集体意识，从而帮助每一教师个体融合到学校集体之中，产生归属感、责任感、优越感，增强教师对学校的向心力。

6. 管理者

高校管理者对高校凝聚力的影响主要表现在两个方面：

高校管理者自身魅力会影响高校凝聚力。孔子曾说过："其身正，不令而行，其身不正，虽令不从。"管理者对群体成员的影响力可分为有法定性影响力和威望性影响力，威望性影响力以管理者的品格、能力、知识和情感等个性因素为基础。有研究表明，具有魅力的管理者具备自信、远见、清楚表达目标的能力、对目标的坚定信念、不循规蹈矩的行为、环境敏感性、创新等关键特征。显然，如果学校管理者具有高尚的品德、渊博的学识、出众的专长，以身作则，并且关爱下属，平易近人，那么，他们就会对教师产生自然感召力，就会赢得教师的拥护和爱戴，使教师自愿服从其管理，并改变与管理者意旨不一致的行为，形成一个核心，产生很高的群体士气，进而使学校对教师产生很强的吸引力。反之，则会导致教师怨声载道，大大削弱群体的士气，促使教师凝聚力下降，给学校工作造成相当大的损失。

7. 人际关系

前面指出，高校凝聚力的一个表现是教师之间（包括教师与管理者之间、师生之间）的相互吸引力或接纳程度。这种吸引力或接纳程度是以和谐、融洽的人际关系为基础的。所谓人际关系是指人们在社会活动过程中所形成的建立在情感基础上的相互联系。和谐、融洽的人际关系能够为教师提供相互理解、相互信任、相互帮助的组织环境，提高教师的工作满足感，对高校凝聚力有直接影响。例如，若高校有和谐、友善、融洽、良好的人际交往环境，管理者平易近人，认真听取下级的意见，帮助教师解决困难，鼓励、支持教师发展；教师与教师之间关系融洽，相互关心和帮助，共同完成培养人才、科学研究和服务社会的任务；教师和学生之间关系融洽，教师关爱学生，学生尊敬老师，在教学和研究中实现学术发展和专业成长。那么，这种和谐、友善、融洽、良好的人际关系，会使教师心情舒畅，增强学校对教师的吸引力和教师对学校的向心力以及教师之间的相互吸引力，进而增强高校凝聚力。反之，不良的人际关系会引起教师的烦恼、压抑和紧张，挫伤他们工作的积极性与热情，严重影响高校凝聚力。

第二节　增强高校凝聚力，促进师资队伍建设

尽管增加高校凝聚力不能忽视外部因素的改善，但更重要的是改善内部因素，因此，结合前面章节的内容，本节主要从影响高校凝聚力的内部因素入手，探讨增强高校凝聚力的对策。

一、设置共同目标和丰富工作特征

（一）设置共同目标

目标是指个体和群体期望经过一定的努力而达到的结果。组织行为学指出，群体凝聚力受群体目标和个人目标相容程度的影响，群体目标和个人目标相容即有共同目标。这就是说，共同目标具有凝聚教师的功能。为此，要增强高校凝聚力，学校必须设置共同目标。一方面，设置共同目标应该立足本校实际需要。根据心理学的动机激励理论，人的动机是由他所体验的某种需要或未达到的目标引起的。如果设置的目标是难以实现的，人们就会丧失信心，就不会为实现目标而努力，目标也就失去了激励的作用。因此，高校设置目标应该遵循从实际出发、实事求是的原则，在仔细分析高校现有条件的基础上，根据学校的条件和长远发展规划，设置出切实可行的，既具有挑战性又能够达到的目标。这样的目标才能使教师看到学校的发展前景，对个人的未来发展充满信心，从而增强他们对学校的向心力。另一方面，设置共同目标应该让教师参与。在设置目标时，高校应该发挥广大教师的参与作用，仔细倾听教师的意见，从而促使教师对目标产生认同感，产生积极的目标承诺，有达到目标并为之努力的决心，并使他们在工作中遇到矛盾时，自觉地从学校整体发展出发，服从大局利益，缓和矛盾或冲突，培养协作精神与互助精神，促进良好、融洽人际关系的形成，增强他们对学校的向心力。再一方面，设置目标后，要加强宣传，让全体教师

知晓。学校管理者可通过会议、宣传栏、校园网络、内部刊物等渠道，将学校的共同目标告知于众，使教师了解学校的目标，明确自己的职责，消除其盲目感，从而有利于增强学校对他们的吸引力。

（二）丰富工作特征

工作本身是影响员工满意度的因素之一，丰富工作特征即增加工作中技能的多样性、任务的一致性、意义性、自主性和工作的反馈性，使员工满意和热爱工作，因此，高校应该通过丰富工作特征来增强学校的凝聚力。由于高校教师工作特征的丰富主要在于提升工作的重要性、自由探索性与成长发展性，因此，丰富工作特征应该做到：第一，要让教师看到自己工作的意义和价值。学校可通过开展各种形式的活动与宣传，让教师看到自己的职业价值，让其对自己所从事的职业产生自豪感，要让他们担任有一定挑战性的工作，使他们在探索中感觉到工作的意义。第二，要给他们提供学术探索的自由。相对于其他社会组织，高校的最大特点是学术性，因此要合理地安排教师的工作任务，留给他们自由支配的时间，让他们根据自己的专长和兴趣进行科学研究，使他们能够充分发挥自己的潜能和创造性，提升他们的工作自主感和成就感。第三，要建立适宜教师发展的软环境。学校要进一步建立面向教师的多层次、系统化的人才培养机制和培养计划，对教师有目的、有计划、有组织地培养，要分配给教师具有挑战性的任务，并为他们高质量地完成任务创造条件，提供帮助，鼓励和支持学习，让他们在履行工作义务的同时，进一步丰富知识，提高能力，实现专业成长与发展。第四，要增加教师工作任务的相互依存性。任务的相互依存性可以是共享的、相继的和互惠的，学校要通过让教师一起承担、协作完成工作任务，共同为学校贡献以及奖励教师集体等方式，促使教师相互关心与合作，增加教师之间的吸引力，第五，要增加工作成功的机会。如果个体在工作中取得了成功，那么个体就会有成就感和自豪感，就会被这项工作所吸引。如果群体一贯有成功的表现，就容易吸引和团结群体成员，群体就对成员有吸引力，就会把群体成员凝聚在一起，因此，要增加工作成功的机会，让教师在工作中取得成功，并通过教师个体工作的成功，实现学校目标，成为高成效的学校。

二、设计合理的组织结构

在前面关于高校组织结构影响高校凝聚力的论述中，已经分析了高校组织结构对高校凝聚力的影响，根据前面章节的论述，我们认为，提高高校凝聚力必须合理设计组织结构，提高教师的工作满意度，调动他们的工作热情，提升他们对学校的向心力。

（一）设计扁平化组织结构

当下组织结构的变革趋势是管理跨度的减小（减少中间管理层）和管理幅度的加大（增加被管理对象），这就要求构建扁平化组织结构，高校要避免科层式组织结构所带来的弊端，也必须构建扁平化组织结构。所谓扁平化组织结构，是指一种通过减少管理层次，压缩职能机构，裁减人员，使组织的决策层和操作层之间的中间管理层减少，以便使组织最大可能地将决策权延至执行层，进而为提高组织效率而建立起来的一种紧凑而富有弹性的新型组织结构。高校构建这种组织结构能够减少信息传递的环节，更好地促进教师与管理者之间的信息沟通与情感交流，即使管理者能及时掌握教师的心理，也使教师感受到管理者对他们的关心、尊重，融洽管理者与教师间的关系，进而提高学校和管理者对教师的吸引力，增强高校的凝聚力。构建扁平化组织结构要做到：在机构设置上实行精兵简政，裁减不必要的机构，避免机构的重叠与膨胀；在人员配备上严格控制数量，挑选精干人员组成管理队伍；在管理工作操作上，简化管理程序，减少不必要的管理活动，让教师能专注于自己的本职工作，避免受到过多的行政命令的干扰。

（二）设计学术权力与行政权力的矩阵结构

知识是高校运转的轴心，学术活动是高校最基本的活动，学术性是高校的根本属性。由此，在高校组织结构设计中必然要考虑学术权力。另一方面，高校规模的扩大，使得各构成部分之间的沟通和联系成为非常庞杂的工作，对管理的需求加大，管理人员增多，管理部门逐渐与学术部门相提并论，并大有压倒之势。也就是说，高校不是一般的学者团体，而是一个被组织化了的社会单位，是一个正式社会组织，因此，需要有行政权力来管理学校的日常活动。学术将大学的教师和学生联系起来，其组织文化是专业文化，用专业方式进行教学，用专业标准组织知识和评价学生成就；管理部门将专业世界与外部世界联系在一起，其组织文化是管理文化，突出对工作业绩的追逐和行动导向。高校这种学术性和社会组织性的双重特性决定了在高校组织结构中学术权力与行政权力共力、相互协调和配合的必要。要有效实现学术权力与行政权力共生、相互协调和配合，必须设计学术权力与行政权力制衡的结构。首先，要协调学术权力与行政权力。建立健全学术组织，如学术委员会、学位委员会、专业与课程建设委员会、人事委员会等，扭转过去单纯依靠行政权力对校务进行管理决策的现象，把学术权力还给教师，学术问题尽可能地交给作为学术人员的教师解决，让他们看到自己的作用，参与学校管理。其次，要建立和健全校务委员会、学术委员会制度，进一步落实《高等教育法》，建立健全学术委员会制度，明确学术委员会的职责与权限，确保教师参与学术事务决策的权力落到实处。最后，要树立行政权力为学术权力服务的意识，充分尊重教师，调动他们参与决策的积极性，让他们实现自己的价值，增强他们对学校的向心力。

三、构建优美、舒适和积极向上的校园文化

（一）构建优美、舒适的校园物质环境

环境心理学研究表明，外部环境会对人的行为产生影响。工作的物理环境

是工作满意度的主要因素，研究证实，员工对工作场所的物理环境—温度、湿度、噪声、安全等满意与否，会影响其工作满意度。因此，要使教师对学校生活满意，产生舒适感，表现出有利于学校的行为，提高学校的凝聚力，就应该建设优美、舒适的校园物质环境。首先，要合理设计校园布局。校园布局要依托原有的自然环境，如山坡、河流、丛林等，在布局上兼容各种功能场所，如休息、娱乐的场所、供人静思的场所、群体活动的场所、个人独处的场所……做到布局合理，功能分区适当，自然环境和人文环境和谐。其次，要合理规划校园绿化环境。要充分运用美学知识，在绿化布局上做到点、线、面结合，平面立体结合；开展乔、灌、地被植物、草坪相结合的立体绿化，加强垂直绿化、室内绿化、屋顶绿化等绿化薄弱环节的建设，对校内道路、活动场所以及绿化区进行统一规划，力求使校园环境"春有花、夏有荫、秋有果、冬有绿"。

（二）构建人文关怀的制度文化环境

人是有感情的，也有强烈的情感需要。群体对每位成员的亲切关心，将会增强群体成员的向心力。因此，增强高校的凝聚力，校园制度文化建设必须坚持以人为本，实现人文关怀。生活上，要在政策允许范围内，积极建立教师生活保障制度，帮助教师解决好子女上学、就业、就医、住房等实际困难，消除他们的后顾之忧，使他们全身心地投入到学校的工作中来。工作中，要充分关照教师，创建合理的用人制度，让教师都有最适合的工作任务，并能最大程度地发挥自己的智慧和潜能。成长发展上，既要为教师专业或学术发展创造条件，又要为有管理才能并愿意参与管理的教师创造条件，完善干部考察、考核制度，营造公平、公开、公正、竞争、择优的氛围，让教师进入管理层，参与学校管理。

（三）构建积极向上的校园精神文化环境

校园精神文化是校园文化的灵魂和核心，也是校园文化的最高层次，是形成物质文化和制度文化的基础。因此，无论是校园物质环境建设还是制度文环境建设都应该将校园的精神文化融入其中，让教师们时刻感受到校园精神，从而对他们的心理产生影响，增强他们对学校的向心力。具体可从以下几方面入手：首先，学校管理者要树立正确的观念，要认识到校园的物质文化与制度文化最终都要反映校园的精神内涵，因此，校园的物质环境建设与制度文化环境建设应该体现校园精神。其次，选择正确的校园价值观。选择校园价值观要立足于本校的特点和实际，体现学校的办学宗旨、管理战略和发展方向，发挥教师的参与积极性，广泛听取教师的意见，经过自上而下和自下而上的多次反复，审慎筛选出既符合本校特色又反映教师心声的校园价值观。再次，树立正确的舆论导向。无论是在宣传教育、理论研究，还是在制定政策的过程中，都要充分体现、发扬、激励催人向上、健康而富有生机的精神，既应利用校园内的各种传播媒介和宣传工具，大力宣传学校的价值目标和行为准则，伸张正义，抑制歪风滋长；又要对自发的舆论做出理智的审视，合理的予以支持，不合理的予以引导。最后，发挥学校领导的榜样作用。学校的各级领导是学校精神的集中体现者。要有效地培育学校精神，就要发挥领导的榜样作用，领导应该是学校文化和精神的楷模，率先实践学校精神，以身作则，通过自己的模范行为对教师产生潜移默化的影响。

四、提升管理者魅力和运用恰当的管理方式

（一）提升管理者魅力

魅力型领导者是受员工喜爱并能带来更理想管理效果的领导者，高校管理者要提高自己对教师的影响力和吸引力，就应该通过强化自己的威望性或自然性影响力，即完善品格、丰富知识、培养能力、运用情感等来提升自身的魅力，以魅力来凝聚人心。一方面，以"德"树"威"。管理者不能"正己"，就很难"正人"。因此，管理者要自觉加强德的修养，完善品格，正确对待和使用手中的权力，树立公仆意识、服务意识。要树立正确的权力观，认识到权力是用来为学校谋

利益，绝不能把权力私有化、商品化，更不可谋个人私利。特别是在职称晋升、报酬分配、各类评奖等事项中，更要严格自律。要树立"领导就是服务"的思想，深怀为民之心，恪守为民之责，善思为民之策，大兴为民之举，举办利民之小，以带领全体职工兴学校、谋发展为己任，忠于职守，求真务实，埋头苦干，无私奉献。要对教师一视同仁，不分亲疏，公正地对待每位教师。另一方面，拥有较高的学识与才华。知识和才华是形成凝聚力的客观基础。学校是知识分子云集的场所，知识分子最佩服的是有学识和才华的人。作为管理者只有具有广博的知识和卓越的管理才能及其他特长，才能赢得作为知识分子的教师的承认和钦佩，这就要求管理者不断加强学习，既要学习文化科学知识，精通专业技术；又要学理论知识，提高政策理论水平，还要学管理，掌握丰富全面的管理知识，提高经营管理水平，具备高超的管理能力。再一方面，以情感人。人是有感情的，教师的情感需要特别强烈，因而管理者要通过对教师的情感关怀，使教师感受到温暖和亲切，产生相互吸引力，凝聚在一起。

（二）运用恰当的管理方式

知识型员工排在前五位的激励因素是工资报酬与奖励、个人成长与发展、有挑战性的工作、组织的前途、工作保障和稳定，作为知识型员工的高校教师，自然具有类似的特点，这就要求高校管理者采取恰当管理方式。首先，要运用参与管理。参与管理是员工自我实现的需要，可以提供工作的内在奖赏，提高员工的工作满意度，因而被认为是提高士气和生产效率的灵丹妙药。同时，高校"是教师和学者集中的地方，在很大程度上等同于教师"。据此，高校要调动教师的主观能动性，激发教师的潜能，使教师充分显示自己的才能和智慧，提高教师对学校的满意度，增强学校对教师的吸引力，就应该坚持教师参与管理。领导者在决定关涉学校发展和教师利益的重大事项，如办学目标、学科发展、专业建设和教师职称晋升、考核、薪酬分配时，应该要广泛征求教师的意见，让他们参与讨论，一起决策。其次，要运用人本管理。根据梅约的社会人理论，人不仅有物质需要，更有社会心理需要，管理者不应只注意工作、完成工作任务，而应把重点放在关心人、满足人的社会心理需要上。美国俄亥俄州立大学斯托尔区分了关心人和抓工作两种不同的管理方式，密歇根大学的研究表明，员工取向即关心人的领导方式敦生产取向即抓工作的领导方式给员工带来更高的满意度和绩效。

五、形成融洽的人际关系

（一）形成教师与管理者之间融洽的人际关系

一方面，管理者必须树立牢固的服务意识，平等待人，绝不可高高在上，盛气凌人。要一身正气，公正处事，绝不可持双重标准。要勇于负责，对下属的过错自己也要主动承担领导责任，绝不可以推过揽功。要发挥榜样作用，处处以身作则，严于律己。另一方面，作为被管理者的教师必须正确地对待管理者，服从和支持管理者的工作。对管理者要有适度、合理的期望值，对管理者在工作中出现的缺点和失误，要真心实意地帮助，抱着对工作负责、与人为善的态度予以指出。遇到困难和挫折时，应从大局着眼，放宽气量，讲究分寸，不要故意为难管理者，要学会说服管理者。另一方面，管理者和教师必须积极主动地沟通。鉴于沟通可以有效增进管理者和被管理者的了解和情感交流，协调彼此的关系，消除被管理者的怨气或不满，学校要营造良好的沟通氛围与建立畅通的沟通渠道，让管理者和教师直接沟通；作为管理者，必须拥有大度的胸怀，听得进意见；作为教师，要有勇于说实话的勇气，克服畏惧心理，积极主动地与管理者进行交流。通过沟通，管理者和教师成为朋友和知己，合作协调，共同为学校发展做贡献。

（二）形成教师之间融洽的人际关系

教师之间的关系处理得好，不仅有助于教师自身的发展，而且还有助于高校凝聚力的提高。教师之间形成和谐、融洽的人际关系，首先要互相尊重。教师既要尊重与自己感情较好、观点相近的同事，也要尊重与自己联系较少、观点相左的同事。应该抱着虚心的态度，从学校发展目标出发，求大同，讲究群体意识，互相尊重，团结合作。再次，要互相主动交流。人的感情是在多次的交往、交流中培养出来的。教师间经常交流有利于彼此之间形成共同的认识，有利于让彼此之间感受到对方的关怀，从而有利于拉近教师之间的距离，形成融洽的人际关系。

（三）形成教师与学生之间融洽的人际关系

一方面，形成教师与学生之间融洽的人际关系需要教师的努力。教师应该尊重学生，热爱学生，关心学生。尊重学生就是要尊重学生的自尊心，尊重学生的人格，尊重学生的个性、尊重学生的选择以及尊重学生的创造性。热爱学生，关心学生，就是要积极主动地去了解学生，努力做学生的知心朋友，克服对学生的偏见，以发展的眼光看待学生。教师应该敢于承认错误，以理服人，取信于人，做学生的表率。另一方面，形成教师与学生之间融洽的人际关系需要学生的努力。学生应该尊重教师，尊重教师的劳动，服从教师的管理，再一方面，形成教师与学生之间融洽的人际关系需要教师与学生的相互理解。师生双方应努力从对方的角度，设身处地地体会对方的情感、态度和需要，消除矛盾与冲突，注重合作与协调，相互关心，共同提高，增强彼此的吸引力。

第六章 高校师资队伍建设对策的思考

第一节 高校教师的聘任

教师的招聘是高校师资队伍建设的关键环节。在进行人员招聘工作时，难以做到面面俱到，尤其会忽略内隐性因素，而根据胜任力理论，恰恰是这些潜在的因素对教师未来的工作绩效具有决定作用。在教师的选拔和聘任中，不仅应关注显性的知识和能力要素，而且需重视考察潜在的态度、价值观和人格特质，才能招聘到合适的人选，实现组织、岗位和人三者之间的合理配置，提高工作绩效。应用胜任力模型进行高校教师的选聘正是胜任力模型构建的目标之一。

一、做好专业教师的招聘，既重视显性的知识和技能的考察，又重视隐性的态度和价值观的考察

高校专业教师胜任力模型的构建，为高校教师的招聘提供了重要依据，为改善高校教师队伍素质提供了思路。

首先，在选拔招聘中，将基于胜任力的心理测评技术应用到招聘工作中。从胜任力模型中可以看出，专业技能和教学能力属于显性能力，通过说课、试讲、实践等可以进行观测，而职业道德素养与个性人格特质均为隐性的深层次的特质，对于二者的测量可以在招聘环节引入相关的心理测试。心理测试是经过标准化测验编制程序完成的、用以测量心理特质的工具的总称。心理测评分为两类：能力测评和人格测评。能力测评是用来测量能力方面的心理特质的工具；

人格测试则是用来测量性格或者人格方面的心理特质的工具。在基于胜任力的招聘工作中，人格测试对于胜任力隐形特质的测评具有一定的价值。人格测试依据测验编制与实验测试方法的不同，分为问卷测试、投射测试、情境测试、客户测量。其中，问卷测试可以分为人格自陈量表和评定量表两类。目前广泛运用的人格自陈量表有明尼苏达多项人格调查表（简称 MBTI，主要用于测量个体的人格特征）、卡特尔 16 种人格因素问卷（主要用于对人格的整体评价）、艾克森人格问卷。另外，在面试时可以采用情景测试，即给定一个情景，看应聘者在特定的情景中是如何反应的，从而全方位多角度对应聘者进行考核。

其次，在具体的招聘环节中，结合不同层次学校、不同类型的专业对需要考察的胜任特征进行适当的筛选。通过研究构建的高校教师胜任力模型是优秀的专业教师的通用模型。在实际运用中，不同地区、不同学校和不同专业可以基于实际情况做出相应的调整。比如，中等职业学校对专业教师的科研能力的要求没有高职院校那么高，偏远地区的高校对教师的国际交流沟通能力的要求也不是那么迫切。总之，具体的招聘标准需要既考虑不同地区、不同学校和不同专业的特点，又要考虑任教岗位的要求。

最后，从提升专业建设水平的层面考虑师资人员的招聘。专业建设涉及的内容很多，如校企合作关系的构建、专业课程的开发、教学资源的建设等。胜任力模型是针对教师个人具备的胜任特征构建的，但全能型的教师毕竟是少数，从专业建设的角度来看，教师招聘还需要从优化专业教师队伍结构的维度对招聘人员的胜任特征进行重点考察，以便形成专业师资团队的优势互补。

二、完善兼职教师的聘用，强化教师职业道德素养和基本教育教学能力的考核

从有关兼职教师的现有政策及各地实践可以看出，政府对职业学校兼职教

师准入资格多集中于兼职教师的专业技术职称和岗位实践经验，对兼职教师作为"教师"这一角色所需具备的职业素养和教学能力要求较少或比较粗略。从胜任力的视角来看，这显然不够。调研发现，80%的兼职教师没有学习过教育理论，教学经验相对不足，难以准确地把握教育规律，对教学方法和学情了解较少，缺乏教师应有的使命感和责任感，教学效果相对较差。因此，有必要在聘任兼职教师时从高校教师胜任力的视角，对兼职教师的聘任进行更全面的考察。

兼职教师作为"教师"这一角色，从事的是教书育人的活动，首先必须具备良好的思想政治素质和职业道德。对兼职教师思想政治素质的考察主要看其是否存在违法乱纪行为，是否能够贯彻党和国家的教育方针政策，遵守教育法律法规。对其职业道德的考察包括两个方面：一方面是作为企业员工在企业中是否遵从自身岗位职业道德；另一方面是作为教师这一角色是否具备相应的教师职业道德。

对兼职教师专业能力的考察主要集中在专业知识和专业实践能力两个方面。专业知识是靠长时间的积累沉淀下来的，在短时间的面谈中只能了解一些，过往的荣誉和资格证书能在很大程度上体现出应聘者的专业知识。因此，在专业知识的考核中主要要求兼职教师提供相关的资格证书和证明。专业实践能力除了提供相关的资格证书和证明之外，还可以让应聘者进行现场操作。

从职教教师胜任力模型可以看出，教师的教学能力包括教学组织能力、教学设计能力、教学实施能力以及教学评价能力。除上述的教学能力之外，作为兼职教师首先还必须具备良好的语言表达能力。因此，对兼职教师教学能力的考核主要从教学语言表达能力、教学选择能力、教学设计能力、教学实施能力、教学评价能力等方面开展。（1）教学语言表达能力，主要考察兼职教师的口头表达能力以及语言的规范性和条理性。（2）教学选择能力，是指教师为开展教学而做的一系列选择，包括教学目标、教学资源、教学方法、教学模式等的选择，这对于教学有非常重要的作用。（3）教学设计能力，是指教师根据所选择的资源并结合学生的具体情况调整教学目标，整合教学技术和教学内容，创设有效教学情境，制定正确的教学策略和方法的过程。（4）教学实施能力，是指教师在教学实施过程中表现出来的教学操作能力、交流与沟通能力、课堂协调能力和指导学生的能力等。（5）教学评价能力，包括对教学过程的评价以及对学生学习结果的评价，是教师在教学小系统地收集有用的信息、对学生的学习状态和掌握情况做实时的评价，并且在评价的基础上及时地给予学生反馈。

上述条件是作为一名教师所需要满足的基本要求，是兼职教师聘任的依据。满足这些要求的人，才能被聘为职业学校的兼职教师。通过多方合作，严格把控兼职教师的"入口"，并为其提供多元化的发展提升空间，争取打造高校优秀的兼职教师队伍，促进我国职业教育的现代化。

（一）师德素养的概念

师德素养是什么？要回答这个问题，首先应厘清教师道德与教师德行的关系。"道德"是对人类整个群体的一种要求，带有普遍性，而"德行"却是存在于单个个体身上的一种独特的心理品质。教师道德即是对整个教师群体，作为一种特定的职业群体所应具有的带有普遍性的要求，属于教师团体道德；而教师的德行则是单个教师所独具的一种内心状态，属于教师个人道德，教师道德是研究教师伦理规范的依据，教师道德只有被作为个体的教师真正理解、接受并转化为一种内在需要和外在职业行为时，才成为教师德行。师德素养，也即教师德行，是指教师在教育教学过程中不断修养而形成的一种获得性的内在精神品质，它既是教师人格特质化的品德，也是教师教育实践性凝聚而成的品质。师德素养是内在的，不是指教师先天就具有的某种与生俱来的素质，而是后天获得的职业角色品质，需要在教师的教育实践中形成。也就是说，师德素养是教师能从教育实践中获得的有益于学生高素质追求与发展及教师的整体生活品质提高等内在利益的必需品质。

（二）修炼师德素养的意义

1.引领学生发展高素质追求，促进学生健康成长

学生正处于逐步形成世界观、人生观和价值观的关键阶段，教师自身的思想政治素质状况和职业道德水平，对学生成长有着非常重要的影响。教师的教育和引导，能帮助学生提高道德认识，形成正确的意识；教师在与学生的交往中所表现出来的责任感、事业心和甘于奉献、积极向上的品质能在学生身上产生积极的激励作用，给学生以正确的人生价值引领；教师内在的成就感、尊严感和荣誉感等可以在潜移默化中影响学生的内在品质，对学生的人生观和价值观的形成产生重要的影响；教师在教书育人和教改教研等过程中表现出的知识水平、文化水准、专业精神和敬业精神对学生未来的职业品质的形成也有直接的影响。无数的实践证明，师德素养本身就蕴含一种巨大的教育力量，它直接影响着学校的人才培养质量与办学水平，直接关系到学生高素质的追求与实现。

2.增强教师自我完善动力，促进良好人格发展

第一，师德素养可以增强教师教书育人的责任意识。师德素养内涵中包含对事业信仰的追求，对社会的贡献及自我完善的能力。教师只有增强责任意识，全身心地投入到教育和培养学生的工作中去，才能很好地完成教书育人的使命。第二，师德可以促使教师自律精神的培养和发扬。教师职业的特殊性决定了社会对职业行为的高要求，这使教师始终处于为人师表的要求下，帮助形成教师强烈自尊、自重、自爱，进而以更高的理想人格形式自律。这种自律精神使教师不断加强学习，为获取最佳的教育效果而不懈努力。第三，师德素养是教师

追求自身完善的内在动力。良好的师德素养可以使教师更深刻地感受到从事教师事业的乐趣，产生不断推动他们从事教育工作的动力，不断发展、充实和完善自己，促进他们理想人格的形成。第四，师德素养有利于教师人生价值的体现。一个具有良好师德素养的教师，在内心深处对社会和学生发展的真诚关心，并表现为为了实现学生的真正成长而不断更新自己的观念和能力，使他能更好地完成角色所赋予的责任和使命，从而使人生价值得以更好地体现。

3. 利于师德统领策略发挥，更好地认识解决教育实践问题

任何一位教师都不可避免地会遇到如下教学问题：如何对待"问题学生"？如何对待和处分违纪的学生？如何对待学生的错误？怎样才能让学生虚心接受批评？怎样与学生有效沟通？怎样进行合作学习？如何调动学生的学习积极性？如何让学生表现自己的才能？如何正确引导班级舆论？各种各样的教育问题都需要用各种教育策略去解决，而统领各种教育策略的就是师德。它是在教育教学活动中有效完成各种教育策略的保障，同时师德素养本身即是最高的、最有效的教育策略。

4. 推进精神文明建设，促进社会道德风尚优化

教师的师德的作用不仅仅限于学校，而且对良好的社会道德风尚的形成与进步也起到促进作用。一方面，教师通过培养人才影响着区域精神文明建设。教师的教育影响着青少年学生的心灵、塑造着他们的性格和品质，并且这种影响不仅体现于在校期间，而且可能对学生的终生产生深刻影响。随着一批批学生走向社会，教师的道德影响也会波及整个社会的各个层次，影响着整个社会道德风尚的形成。另一方面，通过各种社会活动直接影响区域精神文明建设。教师职业"学高为师，身正为范"的特点使师德在道德意识上比其他行业的职业道德要求有更高的水准。作为区域社会高素质群体，教师的思想、行为将越

来越多地直接作用于社会。在社区生活以及其他社会生活中，蕴藏在教师内心深处的道德原则和道德习惯，使教师成为精神文明建设和文化建设的倡导者和推行者，促进社会道德风尚的改变，对精神文明建设起到积极的推动作用。

（三）培养师德素养的基本目标

1. 具有依法执教的基本自律，能严格规范教育行为

教师的教育教学活动，做到知法、守法和不违法，要用相关的法律法规来指导与规范自己的教育教学实践。当前，我国的教育法律法规出台了不少，有《教师法》《义务教育法》《未成年人保护法》等，教师要认真学习，深刻理解，坚决贯彻教育法律法规，严格依法执教。依法执教就是要把法定的职业规范转化为教育教学实践活动，以法律为戒尺，严格依照法律进行教师职业行为选择。

2. 具有团结协作的强烈意识，重视协调各方教育作用

从现代学校教育来看，任何一个学生的发展，不仅是不同科目、不同学龄阶段许多教师共同教育影响的结果，而且也是学校、家庭、社会和学生本人长时间共同努力的结果。教师这一劳动特点，要求教师除了个人努力学习、积极工作之外，还应该具有与同事、家长、学生及相关人员团结协作的强烈意识，注意协调学校、家庭、社会与学生本人的教育作用。苏联教育家马卡连柯说："凡是教师没有集合成一个集体的地方，凡是集体没有统一的工作规划，没有一致的步调，没有一致的、正确地对待儿童的方法，那里不会有任何的教育过程。"

3. 具有精业乐业的勇敢追求，事有所成的不懈努力

精业乐业是指教师对教育工作严格细致、精益求精，并能享受在教育工作中获得的人生乐趣。它既是一种积极的职业态度，也是师德素养的重要组成部分。从精业乐业的内在要求来说，它需要广大教师脚踏实地地努力和奋斗。除此之外，精业乐业还需要严谨的工作态度和踏实的工作作风，也就是教师在生

活、工作和学习的过程中养成一丝不苟、认真负责的良好习惯，反对学习上的轻率浮躁和工作上的草率应付。要对工作脚踏实地、精益求精，坚决抵制急功近利的浮躁之风。尽管要做到事有所成、学有所精、教有所乐，并且善于、精于、乐于从事教师这一天底下最神圣的职业，但只要我们教师有着不懈努力的意识与勇气，就会越来越靠近这个目标。

4. 具有为人师表的理想追求，高标准塑造自身人格

为人师表是教师的一种理想状态，是教师德行的完美形象，是一定道德所认定的各种善在教师身上的集中体现，即教师必须自觉地、高标准地去塑造自身的人格，要在各方面都能成为学生和社会上人们效法的表率、榜样和楷模。正如捷克教育家夸美纽斯所说："教师应该是道德卓越的优秀人物。"凡是要求学生、别人做到的，教师必须应该首先做到；要求学生、别人不做的，老师坚决不做，为人师表还体现在教师无私的爱的奉献。人民教育家陶行知先生为了中国教育事业，毅然放弃高官不做，抛开舒适的城市生活，深入农村，接近群众，安于"粉笔生涯"三十载。他在靠募捐办学的困难条件下，创办了举世闻名的晓庄师范等各类学校。

他那"捧着一颗心来，不带半根草去"的无私奉献精神和"爱满天下"的宽广胸怀，以及一贯身体力行、为人高尚的品质，光照后人，入木三分地阐释了为人师表的要义，是我们学习的榜样。

（四）师德素养的原则

1. 先进性原则

从修炼的目标来看，师德素养修炼应该具有先进性，也即有对崇高师德的追求。道德，即使一般道德规范也是不同于经济生活的法则，后者以利己为博弈的基本规则，前者则以限制自己的利益方式，甚至用利他主义的超越性原则

处理人际关系。因此，讲道德就意味着过高尚的生活。没有生活的理想性、超越性，也就没有道德生活本身。教师是人类灵魂的工程师，其专业道德的基本要求应该在一般社会道德水平之上，这不仅是社会大众的期待，而且是职业特点的要求使然，教师之所以受人尊敬，第一原因就在于教师职业的精神性、高尚性。

2. 公平性原则

从修炼的指导思想来看，师德素养修炼应该具有公平性，也即目标是追求先进，但非指一味地牺牲以求先进，而是在公平的基础上对崇高的追求。在当代社会，崇高的师德本身就意味着公正原则的落实。我们不能设想在整个社会都在追求公平正义的时候，教师面对自己的合法权益遭受不法侵害时却只能表现为怯懦。恰恰相反，教师的崇高人格的一个重要维度就是以身作则向不平等和社会丑恶现象说"不"。在教育领域之外，每每遇到师德模范人物出现的时候，人们常常先将这些模范人物神圣化，而后由此产生对师德的刻板化理解，于是制造一个一般教师无法遵守的"神仙道德"来让全体教师遵守。这种过高的道德期待既不公平，也难以实现。新时期的师德应该建立无私奉献和公平正义的平衡，否则我们追求的师德就是一个片面牺牲型的师德，那样不仅对教师不公平，而且更不利于教师"以身立教"，促进学生公平人格的建立。

3. 自觉性原则

从修炼的主体来看，师德素养修炼应该具有自觉性，即教师要真正理解、主动接纳和自觉实践，外在的教师道德才能真正地内化为教师的德行。师德素养真正要成为个人的德行，就不应该是外加的东西。"因为假如没有教师内在的职业德行的调适，假如教育教学秩序的维持完全依赖规章制度，那么，规章制度只有在它被弄到无所不在这样令人无法忍受的地步时才是足够的，但同时也可能物极必反。而且我们还要注意一种这样的事实：一个遵守教师职业道德的教师有可能会是一个没有教师德行的教师，因为他也可能只不过是由于惧怕受到惩罚才遵守这些道德的。所以，没有教师的自觉性，无论多么完备的教师职业道德规范，在教师的内心都不过是一纸空文而已，无法对其品行发挥效力和作用。

4. 实践性原则

从修炼的途径来看，师德素养修炼应该具有实践性原则，即师德素养不是教师与生俱来的素质，而是一种后天实践中获得的职业角色品质。人的思想品德，在活动与交往中形成，又在活动和交往中得以表现与强化。这一客观规律同样适用于师德素养修炼的过程。正因为如此，我们总是将教师的整体实践生活（尤其是教师的职业生活）看成是师德素养修炼的主要途径。教师师德素养的特殊对象是受教育者，实现场合是教师自己与受教育者交往的场合，没有两者之间直接关联的行为，就无所谓教师的德行。教师之所以爱学生，不是因为他想要这么做，更不是因为他应该这么做，而是当师生通过接触、了解和不断交流之后，产生的发自内心深处的一种对学生产生的依恋与悦纳的内心体验，是心甘情愿的付出，是一种想到自己学生的存在就产生的愉悦或关切。

（五）培养师德素养的策略与途径

1. 结合实践，日常锤炼

师德素养是教师教育实践性凝聚而成的品质，决定了师德素养修炼应与自身的日常教育实践相结合，脱离教育实践的师德修炼难以深入人心，更难以激起内在的道德需要。师德素养的修炼不是专门通过某个项目或某个时间段就能完成的，而是一个在长期的日常教育生活实践中逐渐形成的过程。尽管教师师德素养修炼的途径众多，但是都不能代替教师在学校教育教学场景中的日常专业实践。教师的许多优良品质是在教育实践中形成与发展的，专业道德规范只有在教育教学专业实践中才能内化为教师的专业品质。因此，师德素养的修炼要与日常的教育实践紧密结合,在教育实践过程中,通过对道德现象、道德问题,甚至是对道德冲突的认识、解释与诠释来提高师德修养与能力。教师的教育实践是师德形成的必要条件,同时又是师德修炼的出发点与归宿。

2. 自主自觉,善于反思

反思就是用批判和审视的眼光,多角度地观察、分析、反省自己的思想、观念和行为,并做出理性的判断和选择的过程。教师将自己的教育实践过程作为反思的对象,思索复杂的教学背景和教学过程中的专业伦理问题,通过自我观察、自我体验、自我反思,以实现自我改进、自我更新与自我完善。反思对教师师德素养的修炼具有重要意义,因为师德素养的变化来自教师的内心,因而它的改变过程必须是修炼者自主自觉地改变的过程。

3. 专业发展,修炼载体

教育专业化水平的自主自觉提高,成为今天的师德内涵应增加的一个重要内容。为人师者,万不可满足于天天在教,而不关心自己所教是否正确,更不可欺骗学生。学生或许可以原谅教师的严厉、刻板甚至吹毛求疵,但是不能原谅他的不学无术。一个教师如果不用心研究教育,研究学生,不追求自身专业发展,很难说他的师德是高尚的,因为师德与教育智慧和专业素养是分不开的。教师应具有锐意进取的科学精神和态度,不断提高自我修养,追求新知,努力将人类宝贵的思想精华、知识技能展示出来。教师在他们的这一工作中不是满足于学习与掌握机械的知识和已有的经验,停滞于一知半解,拘泥于条条框框,满足于照本宣科,浅尝辄止,不求上进,而是不断扩大视野,吸收新鲜知识,探求新鲜事物,探索规律,提出新见解,创造新经验。此外,鉴于科学本身的严谨和规律性,教师不容许自己有丝毫的懈怠和疏忽。可见,教师自觉专业发展的同时,实质上也修炼了自己的品行,提升了自己的修养。因此,师德素养修炼不能撇开专业发展而单独发展，它必须而且也只有依附在专业发展这一载体上，师德素养才具有它的意义和生命力。

4.体验幸福，持久动力

师德素养的修炼，并不仅仅是对教师的工作带来利他价值，而且还应重视它对于教师本人而言的内在价值，即对教师自身而言的一种高尚感，让教师体验到专业带来的尊严与幸福感。不断地体验来自于教师工作的利他价值和利己价值，尤其不能忽视后者所带来的专业尊严感和幸福感，只有这样才能让师德素养修炼具有持久的内驱力。

教师在工作中如何自主自觉地去感受幸福呢？

第一，要学会享受课堂。课堂是教师生命最重要的舞台，一个懂得享受上课的人，课堂便自然会成为其享受幸福的重要舞台，营造一个充满生命活力的课堂，和学生一起痛苦、一起欢乐，你就会少了许多教学的焦虑和烦恼。要享受课堂，学会课前有期待，就如有的老师所说，像对待过年过节一样的欣喜心情期待每次课堂的到来；学会捕捉课中快乐因素，从学生眼中读出求知，从学生的回答中听出创意，从学生的争论中抓住切入点，在学生茫无头绪时体味启迪的意义，在学生缺乏信心时感受激发的力量，在学生"豁然开朗"时尽情享受教师最大的幸福；学会课后有回味，回味课堂里的成功与欢乐，当然也应该回味由于课堂里的失败与忧伤带来启迪的快乐。

第二，要学会享受教学。享受学生的进步与成功，享受他们对我们的真情回报，享受学生的年轻活力，享受学生的灿烂笑容，享受学生的认真聆听，甚至享受学生的调皮。正确看待与运用权威，学会感恩学生、呵护学生、尊重学生。

第三，学会享受生活。幸福不仅仅来自工作，而且更来自生活。家人、朋友、闲情、雅趣是幸福生活不可或缺的。开朗、豁达的生活态度、自觉高雅的生活情趣很重要。

第四，自主自觉研究教学。把教学工作看作是一种简单的重复，那必然厌倦，也无言幸福。把研究教材、教学当成提高自己素质的必走之路，应把教学作为自己实现人生价值的一个体现。不断的动态变化提升的目标是自我价值实现的重要前提，不断的自我价值实现是人不断前进的不竭"内驱力"。

第二节　高校教师培训体系的构建

教师培训是教师教育的永恒主题。有学者指出，当前我国高校教师培养中最为缺乏的就是培训内容的系统规划与设计，各培训机构以项目化培训为基本形式运作，培训项目与培训需求之间难以真正匹配，导致产生大量人力、物力、财力的浪费，而且严重影响了教师整体水平的提升。教师培训的目的是提高教师综合素质和能力，最终目的是提升教育教学质量，促进职业教育的现代化发展。教师培训不仅要着眼于当下，还要从教师专业化发展的长期目标和学校未来发展的战略方向出发考虑教师的培训需求。为此，构建基于胜任力的职教教师培训体系，从培训目标出发，客观分析受训者及其所在岗位需要的知识、技能、动机和价值观等显性与隐性胜任特征的客观现实和未来需求，在此基础上，制订培训计划、设计培训内容和方法、评价和检测培训效果，能够实现"缺什么补什么"，进而增强培训的针对性，增强培训效果。

一、培训需求分析

培训需求分析包括组织分析、任务分析和人员分析。组织分析主要判断组织目标和组织资源对培训的要求和限制，决定组织中哪里需要培训，为任务分析和人员分析提供实施情境。任务分析主要是通过分析工作的内容和要求，界定出工作的任务与活动，再由此确认出完成这些任务与活动所需的能力，以此作为培训人员的标准。人员分析是从员工的实际状况出发，分析员工的知识、技能、态度等方面的现有状况与理想状况之间的差距，以形成具体的培训目标和内容。基于胜任特征的培训需求分析也包括上述三部分内容，但基于胜任力的培训需求分析，主要通过组织环境变化的判断，识别出企业的核心胜任力，并在这个基础上确定企业关键岗位的胜任力模型，同时对比员工的能力水平现状，能力培训需求。基于胜任力的培训分析更加关注组织的长期发展战略，利用胜任力评价问卷发现每个个体的能力优势和弱项，科学地评判出员工的现有状况与理想的胜任特征之间的差距，进而找出该组织整体的能力短板，得出比较恰当的培训需求。

基于这一理论，职教教师培训需求分析就是通过胜任力水平测试找出在职教师与绩优教师在各项胜任特征方面的差距，进而深入剖析不同职称、不同学历、不同类型院校的专业教师群体对继续教育需求的重点内容，精准制定教师培训计划，提供差异化的教育活动，做到有的放矢，实现培训内容与培训需求的完美对接。有调查显示，基于胜任力模型的培训需求分析能够有效解析不同类型教师的胜任力提升需求，为精准分析教师培训需求提供了有效方法和科学依据，为教师培训活动类型、内容、方法的规划设计奠定了良好基础。

二、培训计划的制订与实施

1. 确定培训目标。基于胜任力模型的培训目标主要是通过培训来提高个体的胜任力达到增强组织整体胜任能力水平，增强组织的核心竞争力，为实现组织战略目标和个人职业发展提供动力支持。基于胜任力的教师培训的主要目的是提高教师的岗位胜任水平，提升教师自身的工作绩效，促进教师个人专业化发展。

2. 确定培训对象和内容。依据需求分析的结果，确定培训的对象及相应内容。不同学历、教龄、专业和岗位的教师培训需求存在差异，如高职院校新进教师的组织管理能力、进行实践教学与技能训练的能力更为急需，而骨干教师可能更需要加强课程资源开发能力，老教师则可能更需要信息技术与教育教学融合创新能力的培训。总之，基于胜任力视角的教师培训，遵循重点突出、内外兼修、有的放矢的原则，针对不同教师群体设计差异化的培训内容，涵盖外显胜任力和内隐胜任力，设计包括知识、技能以及态度、价值观、个人特质等多方面内容，确保培训的针对性和完整性。

3. 设计培训方式。培训内容的性质和培训对象的学习风格决定了培训方法的多元性。教师的外显胜任力和内隐胜任力的形成机理不同。外显胜任力具有易获取、周期短的特点，可以采取讲授、现场指导的方式获取；内隐胜任力无法通过直接传授的方式获取而且形成周期较长，可以采取师带徒、实践团体、角色扮演、情景模拟、案例分析、无领导小组讨论、团队建设法等体验式培训模式获取。从学习风格来看，教师的学习风格具有行动和具体体验的特征，对于灌输式的培训较为反感，可以采用榜样学习法，让绩优专业教师作为带教教师，让受训教师亲自感受优秀教师是如何授课的、如何管理学生的、如何处理突发事件的，等等。总之，通过多种培训方式，教师在观察、沟通、交流、感悟、反思中实现自我超越，促进教师优秀胜任特质的养成。

三、培训效果评估

培训效果评估是培训体系的重要一环。菲利普斯教授认为，培训效果评估是用来确定某个活动的价值或意义的系统的过程，用以决定培训方案的意义及价值，并对该培训方案的未来使用情况做出决策。在整个培训流程中培训评估起着信息反馈机制的作用，通过评判教师培训后胜任力的表现与培训目标之间的差距，可以检测培训是否达到预期效果。通过评估，可以及时总结培训中成功的经验，对于效果不达标的培训，可以及时找到不足之处并进行改进。培训效果的评估应遵循定性与定量相结合的原则，在培训结束后，进行个别访谈或团体访谈、问卷调查、数据对比分析等对培训活动进行评价。美国培训专家唐纳德·L.柯克帕特里克教授提出的四级评估模型是目前国际上应用最为广泛的评估工具。该模型从反应、学习、行为及结果等四个层面对培训效果进行评价。

1. 反应层面。考察学员在刚完成培训后对培训项目的满意程度，通过让学员问答与培训相关的一系列问题，获得学员对项目的设计、组织实施与管理、培训形式与方法、具体课程内容、学习环境与设施、师资水平等的反馈，为培训评估的数据分析提供第一手资料。

2.学习层面。考察学员通过培训在职业道德素养、教学设计能力、教学组织与实施、个性特质、专业发展能力等胜任力的提升。学习层面的评估可以采取笔试、实际技能操作和微格教学等方法来了解。

3.行为层面。在培训结束后3到6个月内，通过对学员的上级、同事、学生的访谈及自我评价等对比学员在培训前后教育教学行为的变化，评估学员在培训后是否达到预期培训效果。

4.结果层面。考察学员在培训结束半年后对组织绩效的影响，即其培训效果对学员所在学校乃至区域的引领示范作用及长期效益。

该评估是在培训实施结束后进行的，侧重于对培训结果的评估，着眼于学员参加培训后在工作中行为、技能等的提升及其对工作成效的改进。四个层级的评估是层层递进的关系。随着评估层次的进一步提升，评估的难度和深度也相应提升。学习层、行为层和结果层的变化均基于学员对于培训的反应，学员对培训项目的肯定评价将会为后续培训效果的取得奠定良好的开端。学员在培训过程中将培训内容内化，经过内化的知识或观点才能促进学员行为的变化，而学员教育教学行为的改变才能真正促进工作绩效的提高，进而促进组织绩效的提升。因此，反应层、学习层、行为层、结果层四个步步深入的层面能够全方位评估培训项目的成效。职教教师培训采用这一评估模型可以客观地、科学地衡量培训项目的成效。

四、培训需要遵循的原则

随着专家学者的不断呼吁，职业教育研究领域对职教教师胜任力的研究日益深入，一些地区、学校已经开始尝试开展教师胜任力的培训，从已经开展的培训工作来看，在培训中还需注意一些问题。

1. 系统性原则。胜任力模型是由各个胜任要素构成的一个整体，这些要素之间相互联系、相互作用。如，理想信念的提升必然对其他胜任要素的提升具有促进作用，因此，在进行培训活动的设计时，要考虑受训教师个别胜任力要素的缺失情况，还要考虑该教师其他胜任力的水平。从每次开展的培训活动来说，也需要考虑其系统性，保证培训实施前、实施中、实施后的完整，保证胜任力要素之间的相互关系并保持动态平衡。

2. 持续性原则。教师的专业化发展是一个长期的过程，胜任力的提升更不是一朝一夕之功。因此，教育行政部门、高校要创造条件，提供政策、经费支持，为教师专业化的发展着想，着眼于每个教师或教师群体的职业生涯发展，制定长期的发展规划，开展持续的培训，从而促进教师胜任力的不断提升。

3. 实践性原则。教育是一门精微的实践艺术，即便是普遍性的原则和规律，当面对个性化的学生、多元化的社群以及变动不居的历史情境时，都会失去效力。作为教师，不仅需要具备可以编码的"硬"知识，而且需要实践性知识，即教师在其教育教学实践中实际使用和表现出来的对教育教学的认识。因此，基于胜任力模型的培训，不仅要重视目标胜任力的相关理论知识的讲授，而且应结合职业教育教师日常教学实践的具体情况和具体问题进行理论分析，开展理实一体化的培训，将专业理论的讲解与岗位实践的操作相结合。

4. 多样性原则。高校教师胜任力模型包含的胜任要素有 30 多项，每位教师的学习模式也各具特色，因此，胜任力的培养方式必然是多样的。在培训中，无论是培训内容的确定还是组织形式及效果反馈，都必须针对不同的教师存在的不同问题设计不同的培训内容、形式、方法，才能增强培训效果。

　　5.激励性原则。激励不仅可以通过一定的方式调动人的内部动力，而且可以通过一定的途径提高目标的吸引力，发挥鞭策促进作用。在各项工作中，激励作为调动人的积极性，挖掘人的潜力的一种重要手段和方法，越来越受到人们的重视。在推动教师专业化发展过程中，高校应对教师培训后胜任力的提升以及教育教学效果的改善，给予及时的肯定，并建立相应的激励机制，使之与教师薪酬和教师职业生涯晋升挂钩，从而吸引更多的教师积极主动参与到培训活动之中。

第三节　高校教师绩效考核的优化

"绩效"的英文是"Performance"，原意是履行、性能、演出、表现等。工作绩效是指个人作为一个组织成员，完成组织所期望、规定或正式化的角色需求时，所表现的具体行为。高校教师绩效考核是高校对照规定一段时间内的工作目标或标准，对教师在工作中的行为表现和工作完成情况来进行测评并反馈的过程。胜任力是绩效的决定因素之一，不同的胜任力要素对绩效的不同成分的影响作用是不同的。胜任力包括外显胜任力和内隐胜任力。外显胜任力往往就是教师绩效考核所关注的行为表现，而内隐胜任力又对外在行为表现有决定作用。比如，责任心是由责任认知、责任感和责任行为三个维度构成，每个员工在一定的岗位上，都要履行一定的职责，完成一定的任务，因而要承担一定的责任行为，所以责任心对个人工作绩效产生重要影响。高校教师胜任力模型涵盖教师应该具备的胜任力，都是可以被观察并进行定量测评的，因此，基于高校教师胜任力模型的教师绩效考核相比传统的绩效考核，会更加切合高校教师的工作特点，更加公平合理。

一、基于胜任力的教师绩效考核的优势

基于胜任力模型的员工考核已经成为组织人力资源管理的普遍做法。因为胜任力模型反映的就是能够把某一既定岗位绩效优秀者与一般绩效者区分开的知识、技能、态度、动机、特质等素质的组合，而且这些素质都是可以测评的。针对高校教师考核中存在的问题，应用胜任力模型进行教师绩效考核不仅可以摆脱教师考核中的一些困境，而且还可以有效提升教师个人和组织的绩效水平。

1.基于胜任力模型的高校教师的绩效考核可以做到外显胜任力和内隐胜任力并重。不仅考核高校教师的知识、技能等内容，而且还考量高校教师的态度、

动机、特质等难以觉察的内隐胜任力。基于高校教师胜任力模型进行的绩效考核更加全面、更加公正。

2.基于胜任力模型的高校教师绩效考核更富有针对性。高校教师胜任力模型在构建的过程中，对高校教师的工作任务进行了深入的分析，并运用行为事件访谈法对绩优教师和一般教师进行了深度访谈，从中提炼出影响高校教师工作绩效的胜任要素。因此，胜任力模型所涵盖的胜任要素与高校教师顺利完成岗位工作任务息息相关。依据这些要素能够构建教师绩效考核的指标体系，更具有针对性。

3.基于胜任力模型的绩效考核更能发挥激励作用。胜任力模型体现的是绩优者应具备的胜任力，为高校教师提供了一个成功模型，以此建立的绩效考核指标具有引领和示范作用，为高校教师进一步发展提供了指南。绩效考核主要是通过设置高校教师的工作目标和教师胜任力的发展目标，有利于个人和组织的良性发展。

二、基于胜任力的教师绩效考核的改进

1.科学构建不同层次、类型、专业教师的绩效考核指标体系。建立一套科学的考核指标体系是教师考核成败的关键，指标体系既要全面客观地反映高校发展方向，又要符合高校教师的工作实际。高校可以以胜任力模型为基础，再结合自身办学特色以及教师队伍结构，建立符合学校自身特色的教师考核指标体系。（1）组建由具有人力资源管理知识和经验的专业人员、相关部门的负责人、管理者等构成的专家小组，以构建的高校教师胜任力模型为基础，进行岗位工作分析、集体研讨、专家咨询等，经过充分讨论，最终形成不同层次、类型、专业教师的绩效考核指标，并确定各考核指标的权重，使之达到最优化。（2）定量考核是指标体系的重点和难点，可以根据本校师资队伍的实际情况，

给每个考核指标赋予具体的考核内容和分值，使考核指标体系既全面具体，又便于操作。（3）随着经济社会和职业教育的发展，高校的定位和发展诉求不断发生变化，与此同时，对学校教师的要求也会有所不同，因而高校教师的胜任力模型需要进行相应的调整，高校教师的绩效考核指标体系也要与时俱进，不断进行动态调整。

2.采取多元绩效考核方法。高校教师的知识、技能、能力、态度等具有不同的特点，需要采取不同的方法进行甄别。基于胜任力的职校教师绩效考核可以采用关键事件法、行为锚定评价法和180度行为问卷评价法等。关键事件法是对教师的整体工作绩效进行提炼，找出关键性或具有代表性的事件进行评价；行为锚定评价法主要是根据平时收集、记录下来的、有代表性的优势或劣势的事件进行评价，通常与关键事件的描述性评价有机结合；180度行为问卷评价法是针对教师在工作中的表现，由管理者或直接上级领导对其评判，并且判断等级并赋分的方法。高校应根据不同岗位教师的特点以及实际工作情况选择恰当的绩效考核方法。

规范考核流程。在教师的广泛参与下，需要制定切合实际的考核流程，使考核流程易操作并被教师认可，以确保考核的严肃性和公正性。在考核时间的安排上，可以通过与教师协商，采取定期、正式的考核和非定期、非正式的考核相结合，教师根据考核时间定期完成考核目标。

3.发挥绩效考核结果的激励作用。激励是为了促使员工出色完成任务并实现组织目标，通过一些奖惩手段和措施，可以激发人内在的动力，提高工作的创造性和积极性。高校应充分发挥绩效考核的激励作用。首先，要及时向教师反馈考核结果。以高校教师胜任力模型为基础进行的考核指标设计，在考核过程中能够不断强化教师胜任力的要求，考核结果的及时进行反馈，可以让教师更加清晰地认识到哪些素质是学校工作需要而是自己欠缺的，了解自己的优点和不足，取得的成绩和存在的问题，从而不断自我加压，追求胜任力的提升。其次，胜任力与绩效是相辅相成的，应根据绩效考核结果，运用薪酬、培训、晋升、岗位轮换等手段强化教师的绩效行为，并采取一定措施提高教师的胜任力。再次，高校应力争构建基于胜任力的教师培训、绩效管理、薪酬分配、专业发展等要素的系统，能够形成"胜任力—绩效—满意的教学质量—更优的胜任力—更好的绩效—更高的教学质量"的良性循环，推动职业教育为经济社会输送更多优秀的技术技能人才。

第七章 比较视野下双师型教师队伍建设策略

职业教育源于西方，是伴随着工业化、生产社会化和现代化的发展孕育而生，并随之发展壮大。我国目前职业教育的发展与我国当今经济社会的发展要求还存在着很大差异，还有许多亟待解决的问题。因此，国外的职业教育数百年的发展变化为我国职教的发展尤其是双师型教师队伍建设提供了很多可以借鉴的宝贵经验。我国职业教育双师型教师队伍建设，必须立足于国内实际，吸纳创新，追求实效，加快优化结构，提高素质，提升水平，才能推动我国职业教育事业的蓬勃发展。

第一节 健全双师型教师队伍建设的政策、机制

政府要制定相应的政策法规，加大对职业教育的扶持力度。通过国家对职业教育事业的支持性干预、宏观调节及政策导向，将高校教师的任职资格、培养培训纳入法治化的轨道，对社会、企业、政府各自应承担的责任都予以明确的规定。同时，各高校也应根据本校实际情况，研究制定适合本校情况的、系统的规章制度，社会与院校共同努力，为高校双师型教师队伍的建设与管理走上法治化、规范化的道路创造良好的大环境。为保障双师型教师队伍建设的稳定和可持续发展，政府和学校可以从积极改善外部环境、改革制度、制定双师型教师标准、构建培养模式和资金投入等几个方面来进行改革，以促进双师型教师队伍健康发展。

一、创设双师型教师成长的外部环境

我国经济健康快速的发展，需要大量高素质的职业技能型人才，高素质职业技能型人才的培养离不开高素质的双师型教师队伍，他们应该得到社会的关怀和尊重。因此，全社会必须转变观念，需要充分认识双师型教师在高校中起到的重要作用，以及在促进我国社会经济又快又好的发展过程中的重要位置。政府可以通过各种措施，使职业教师能够获得更多的社会认同，把双师型教师的重大作用提高到"技能兴国"的高度认识和宣传，提高他们的社会地位，要充分认识到高校能够实现跨越式大发展、呈现出欣欣向荣的面貌与双师型教师的辛苦工作是分不开的。同时，要营造崇尚和争当双师型教师的良好氛围。通过这种树立先进典型，在教师节等重要时间或场合大力表彰职业教育双师型教师的先进单位和个人，宣传职业教育和高素质技能型人才在经济发展过程中起到的重要作用的办法，促进重视专业技能、尊重技能型人才良好氛围的形成，激发专业教师仰慕双师型教师，进而可以形成争当双师型教师的风尚。

1. 引导改革社会传统用人观念，增加可供选择的人才资源量

建立目标分级责任制，以确保教师队伍建设工作的层层落实。主管校领导负责全校教师队伍建设和管理的重大决策，把握师资建设的总目标、总方向。师资管理部门负责制定全校师资建设的总体规划和实施方案，并协调督促落实，及时控制。各系部领导根据专业建设发展的需要，制订本部门的师资计划，并根据学校的相关政策做好各项工作，保证教师队伍建设目标的实现。学校要制定和完善培养双师型教师队伍的目标、任务、实施方案，形成教师上岗资格考核，骨干教师选拔与业务考核等一系列指标体系。在用人机制、福利待遇、晋升晋级等涉及老师切身利益的工作中，向双师型教师倾斜，能够调动教师的积极性。只有制定完善的政策法规体系，充分发挥法规与政策的宏观调控作用，才

能引导社会改革传统的用人观念，规范用人制度，保证人才进出渠道畅通无阻。同时，要建立完全市场化的人才流动大市场，使人才不为单位所有，才能增加可供选择的人才资源量。

目前，高校以地方建设为主，管理体制与直管高校有较大区别。随着社会主义市场经济的不断完善和政府职能的转变，也要求学校面向社会依法自主办学。政府及主管部门要逐步把用人自主权、分配自主权还给学校，做好服务工作。人事、劳动保障部门要积极为高校招聘人才提供服务，允许高校不受编制的限制，以聘用制形式，通过竞争上岗、择优、聘用、合同管理的方式，面向社会公开招聘具有丰富实践经验的专业技术人员、技师或高级技师担任专业教师或实习指导教师。在从社会上引进工程技术人员或能工巧匠到高校任教时，教育行政部门及地方人事管理部门在学历和职称上放宽条件。这些措施将给学校更多的用人自主权并在实施过程中提升高校承担市场竞争的能力，使其善于行使自己的权利，承担相应的责任，建立起主动适应经济建设和社会发展需要的自我发展、自我约束的人事管理体制。

2. 鼓励企业与专业院校紧密合作

企业要以成为高校的合作基地为荣，同时还要规定所有企业在销售额中必须有一定的比例承担高校教师和学生的职业技能培训、实习、横向科研项目开发；鼓励企业吸收经过培训的学生为企业员工，以此推动基地、教学、科研、招生、就业一体化，加快形成促进高校教学、科研全面提升，带动招生、就业良性循环的"五位一体"的职业教育办学模式。

3. 制定专业标准，改革人才培养模式

教育部确立了一批高等职业教育师资培训基地，使高等职业教育首次有了自己的职教师资中心或大学。但现有的职教师范大学还有待于成熟和提高，且数量较少，难以满足高等职业教育发展的需求。建立高等职业教育教师职业资格制度，可以使社会上有志于从事高等职业教育的人才多一种选择，也为高校多提供一条师资来源渠道。因此，建立、健全完善的法律、法规，让企业、社会真正承担起自身应负的责任，实现产学合作。

二、确立双师型教师观与培养标准

我国对于双师型教师的标准，教育界有不同的提法，大都不能把理论性和操作性有机地进行结合。因此，国家应建立双师型教师评审指导委员会，需要尽快制定双师型教师评审标准和办法。通过试点，可以逐步铺开。同时，各行各业情况千差万别，应该根据行业特点做出若干补充规定和细则，增强可操作性。需要指出的是，在双师型教师内部，确有水平高低之分，可视情况划分为两个层次：双师型教师和高级双师型教师。亦可分为三个层次：初级双师型教师、中级双师型教师和高级双师型教师，与普通院校的专业技术职称对应或类似。

但是事实上，近年来政府的相关政策和理论界的研究越来越强调双师型教师所具备的能力和素质。教育部在《教育部关于加强高职高专教育人才培养工作的意见》（以下简称《意见》）中指出"抓好双师型教师的培养，努力提高中、青年教师的技术应用能力和实践能力，使他们既具备扎实的基础理论知识和较高的教学水平，又具有较强的专业实践能力和丰富的实际工作经验，要淡化基础课教师和专业课教师的界限，可以逐步实现教师"一专多能"的观点对我们解决这一问题是有所启示的。

双师型教师不是简单的"讲师＋工程师"的概念，更不是"教师＋技工"或"教师证＋技师证"的概念，而应该将"双师"理解为具备扎实的专业理论知识和较高的教学水平，同时又具有较强的专业实践能力和丰富的实际工作经验；了解实际应用的新知识、新技术、新工艺，既能讲授专业理论课，又能指导技能训练的教师。

教育部的《意见》着重强调了双师型教师的能力问题，并将双师型教师的根本特征归纳为"一专多能"。"一专"即专业基础知识与专业理论知识；"多能"指专业技能、实践技能与教学技能等。基于此认识，我们对双师型教师内涵的探讨，应以"专业"和"能力"为核心展开讨论。

1. 双师型教师应该具备专业技术知识与专业技术能力

专业技术能力是双师型教师进行教学的必备条件，否则教学工作便无法展开。我国的双师型教师首先应具备宽厚的行业、职业基本理论、基础知识和实践能力。

2. 双师型教师必须具备教育科学知识与教学基本技能

如果说专业技术知识与专业技术能力是双师型教师进行教学的主要内容，那么，教育科学知识与教学技能就是教师将这些教学内容转化为学生知识经验的主要手段。我们的双师型教师也应该具备把行业、职业知识及实践能力融合于教育教学过程的能力。

3. 双师型教师必须具备社会交往和组织协调能力、管理能力、创新能力和适应能力

双师型教师的接触面广，活动范围大，既要参与校园内的交往与协调，又要与企业、行业从业人员交流沟通，还要组织学生开展社会调查、社会实践，指导学生参与各种社会活动、实习等，因此，交往和组织协调能力就尤显重要。此外，双师型教师不仅应该具备良好的班级管理、教学管理能力，而且更重要的是具备企业、行业管理能力，懂得企业、行业管理规律，并具备指导学生参与企业、行业管理的能力。在科技迅猛发展的今天，行业职业界日新月异，这必然要求双师型教师需要善于接受新信息、新知识、新观念，分析新情况、新

现象，解决新问题，不断更新自身的知识体系和能力结构，以适应外界环境变化和主体发展的需求；具备良好的创新精神、创新意识，掌握创新的一般机理，善于组织、指导学生开展创造性的活动。

因此，双师型教师观是指双师型教师应该具备良好的行业职业态度、知识、技能和实际操作能力，同时还应该具有良好的师德修养、教育教学能力并持有双证的专业教师。

四、建立、健全双师型教师的培养模式

1. 加强双师型教师队伍的培养基地的建设

一方面，需要依托国家级师资培养培训基地，加强对双师型教师技能培训点的管理；另一方面，还需要以省级双师型教师培养基地为主体，高校实训基地为依托，企业吸收为补充的原则，建设一批适应职业教育发展需要的师资培训基地，逐步建立专业课教师定期到企业调查研究和培训的机制，从而形成双师型教师队伍的培训体系；实行开放式教师准入制度，择优录取一些愿意从事职业教育的高学历人才到双师型教师技能培训点接受训练，训练后如果能通过认证中心认定可以推荐到高校任教，以缓解部分专业师资及实习指导教师紧缺的局面。

2. 推动专业教育与企业的联系与合作

高校与企业合作开展联合办学是现代职业教育发展的一个重要趋势，这也是职业教育日益扩大的必然结果。但校企合作不是偶然的因素促进的。以建立实习基地为例，现阶段高校教师的培训实习单位多是依靠关系来联系，企事业单位出于自身考虑不愿接受培训实习教师，这就需要一条将学校与企业联系到一起的纽带。在此，政府的作用是最直接有效的，政府既熟悉学校又了解企业，最容易找到使双方走到一起的切入点。它可提供完善的法律保障，来指导建立

高校与企事业单位合作进行人才培养的机制。这样，教师可以到企事业单位实习，企事业单位可以利用高校的教育资源优势，组织在职人员的知识更新培训，另外，建立可以根据企事业单位用人"订单"进行教育与培训的新模式从而达到合作双赢的目的。在此，政府主导需要对高校教师到企事业单位培训和实习制定相应的法规和政策，如减免相关税收，给予信贷优惠，鼓励企业提供师资、设备、场地，联合组织教学、实习；同时还应给予高校更多的自主权，实行灵活的学籍和教学管理制度，由政府对校企合作项目给予政策倾斜，可以提倡产学研结合，鼓励高校通过合作开发、科研成果转让，扩大与企业的合作领域。

政府部门可在教师队伍建设总体规划的指导下，在东、中、西部地区之间，省际之间，县域之间，特别是职业教育发达地区与欠发达地区之间，将两地高校结成"一帮一"的对子，在不影响高校常规教学的情况下，互派教师，发达地区高校（如北京、上海、浙江等地）的教师到欠发达地区高校来进行指导和帮助，将发达地区的理论知识和实践带到欠发达地区；通过国际交流合作培训也成为培养双师型教师的一种途径。这种途径有利于开拓教师视野，还可以提高创新能力和专业实践能力。

五、加大双师型教师队伍建设的资金投入力度

从一定意义上说，是否重视双师型教师队伍建设，关键要看经费投入是否充足、优先，政策倾斜是否保证落实。目前高校教师作为教师中的一个特殊群体，在人才培养过程中承担了多方面的工作任务，政府可作为特殊人才予以一定的补助，把支持职业教育发展的政策落到实处。

职业教育是与社会发展密切相关的系统工程，是国家教育体系的一个重要组成部分。职业教育的发展需要全社会各方面的共同努力，行业组织和企业要充分发挥积极作用，需要大力做好职业教育和培训工作，全社会都要关心职业

教育的发展。把大力发展职业教育当成紧迫的任务，开创职业教育发展新局面，真正确立人才资源是第一资源的观点，把教师队伍建设放在突出地位。要明确教师队伍是支撑高校发展壮大的主体，是决定高校发展的关键。人才工作是学校工作的重中之重，要不折不扣地贯彻"人才强校"的战略意图，加强教师队伍建设，才能促进高校的可持续发展。

第二节　完善双师型教师队伍的培养机制

一、个体双师结构的教师培养机制

个体双师结构的双师型教师作为高校教师，尤其是专业教师培养的主要目标，不会是静态存在的，而是动态、持续发展的专业化过程。

因此，要进一步完善个体结构双师型教师的培养机制，首先就必须了解教师发展的整个过程，还要了解教师职业训练的专业化及教师发展的专业化过程。

高校教师要取得一定的从业资格，能够成功地扮演各种职业角色，必须首先接受专门的职业训练。对于职教师资来说，专门的职业训练内容应包括：专业意识、专业态度、专业理论知识，专业实践能力、专业技能、专业品质。这里的专业技能是指未来教师从事教育教学工作需要掌握的相应技能，例如，正确确定教学目标，制订教学计划和方案，设计教学程序，与学生沟通，教会学生学会学习的能力等，而专业实践能力则是针对高校专业教师的素质要求而来的。在具备了职教师资的基本素质以后，要不断提高业务水平，成为一名真正成熟的双师型教师，必须有赖于教师的专业发展。教师专业发展是指教育教学专业人员，要随着教学工作经历的延续、经验的积累、知识的更新及不断的反思才能逐渐达到专业的成熟。因此，从教师发展的整个过程来看，个体结构双师型教师的培养应该包括职前的专业训练和在职的继续教育，简而言之就是教师的职前培养和职后培训。

1.加大职教师资的培养规模，构建多种职教师资培养模式

从目前我国职教师资培养来看，职教师资培养的办学模式，呈二元化的状况，即师范大学（包括职技高师）和普通综合大学的教育学院都必须进行师资

培养。师范大学学科综合化和综合大学设置教育学院成为了必然趋势。

教师的培养培训逐渐由这些学校的教育学院和教育系来承担。而"学校中心、能力本位、行动研究"的在职教育培养模式以问题为中心，就会形成行动研究的范式，使得所有教师都可以在其学校环境中共同学习，围绕学校真实情境中的实际问题进行研讨，教、学与研究相互结合、互动，不仅拓宽了专业知识和技能，而且还提高了教师的实践能力和操作能力。例如，天津工程师范学院培养的"双证书""一体化"毕业生受到了各高职高专院校的普遍欢迎和认可。这一模式加强了双师型教师的后备力量储备，发挥了各种师资培训基地和职业学校师资技术资源优势，还加强了专业教师的培养工作；再如，深圳职业技术学院为双师型教师树立了一个操作性较强的标准：①在教师岗位工作，同时应该具有与所教专业相关的社会职业岗位一年以上（含一年）工作经历的，称为双师经历教师；②在教师岗位工作，具有高校教师资格证书（或助教职称），同时具有与所教专业相关的社会职业岗位专业技术等级资格证书（或初级技术职称）者，称为双师资格教师；③具有中级以上教师职称证书，同时具有相关社会职业岗位中级以上技术职称证书者，称为双师等级教师。其中，同时具有讲师资格证书和中级技术职称（工程师等）证书者称为双师中级教师；同时具有教授（副教授）资格证书和高级技术职称证书者称为双师高级教师。这反映了双师型教师成长是一个动态渐进的过程，但是对于背景、经历、资格强调得比较多，对于教师当前与企业的关系没有直接体现出来。对于封闭式的培养模式，又提出了企业嫁接模式，是以一种开放式的发展姿态，校企合作，与企业建立产学研相结合的紧密合作关系。职教教师可以到企业实习实践，进行继续教育，或参与合作项目的开发与员工培训；学校也可以聘请企业的优秀工程技术人员到学校担任兼职教师。还有在有效的激励机制下，发挥教师主体能动性，通过自学自培，建立教师自我培训机制的自我生成模式。

目前，我国的职教师资的培养任务主要还是仰赖于 8 所职技高师及部分普通高校里设置的职业技术学院。在其多年的办学过程中，职技高师面向全国，为中、高等职业教育培养了大批的师资，也积累了一定的办学经验。要满足高校对双师型教师的需求，首先就必须从职教师资培养的源头抓起，建立自己的职教师资培养基地，加大职教师资的培养规模。既可以依靠地方政府主办职技高师，又可以依托普通高校，尤其是工科类高校的优质资源，设置职业技术师范学院，以保障高校稳定的师资来源。

在保障稳定的师资来源基础上，还应积极改变单一的职教师资封闭式培养模式（亦称定向型教师教育），构建封闭式和多元开放式并举的职教师资培养模式（亦称非定向型教师教育）。可以根据《教育大辞典》对"封闭式和开放式教师教育"的解释，封闭式职教师资培养模式是指由专门的职教师范院校对学生进行普通文化科目、专门科目和教育科目、教育实践的混合训练，以达到特定的培养目标，等学生毕业后被分配或推荐到职业学校从事教师工作。开放式职教师资培养模式则是指通过综合大学、工科类高校或其他专门学院附属的职业技术师范学院或教育系科，为欲获取教师资格的本科或本科后学生提供教育科目和教育实践训练。规定本科学生应修满的教育课程学分；为已取得其他学士学位的毕业生提供半年至两年不等的教育专业训练；为在职教师及其他岗位的在业人员提供教育课程。对修业期满考核合格者，应该给予相应的教育证书、教学证书和学位。虽然封闭式的职教师资培养模式可以采取集中培训的方式，对学生进行系统的职业训练，但是由于课程设置狭窄，会常常导致培养的师资学术性和师范性难以平衡，发展后劲不足，从而也会影响师资培养的整体质量。而开放式的职教师资培养模式，虽然学生专业思想转变不够充分，难以与国家师资培养计划协调，但培养目标多样灵活，课程设置广泛机动，设施和设备等条件较为优越；学生专业水平和技术程度较高，知识面较宽，工作适应性较强；学生来源和职业出路较宽。因此，一方面在不放弃封闭式职教师资培养主阵地建设的同时，另一方面也要另辟蹊径，积极依托众多高校资源，建立多元开放式职教师资培养模式。一是要内容开放，即采取分阶段的培养形式，学生既可拥有自主选择学习内容的空间，又可在各个阶段侧重不同内容的学习，能够避免"胡子眉毛一把抓"；二是要生源开放，即面向所有有志于职业教育教学的人，既可以是大学应届毕业生，也可以是从事多年工作的在职人员。当然这里的生源开放并不是对生源毫无选择地开放，而是要经过一定的筛选和鉴定，来保证生源的质量；三是场所开放，即所依托的高校必须加强与高校、企业的联系，使得学生可以根据自己的需要自由选择场所加强自身的实践锻炼。

2. 加强产学研合作，加快双师型教师队伍建设步伐

产学研结合是一种利用学校和行业、企业、研究机构不同的教育资源和教育环境，培养适合行业、企业需要的应用型技术人才为主要目的的有效教育模式。其主要特点是：利用学校与产业、科研等单位在人才培养方面各自的优势，能够有效地把以课堂传授间接知识为主的教育环境与直接获取实际经验和能力为主的生产现场环境结合起来。

产学研相结合是高校培养合格双师型教师的重要途径，也是做好培养应用型人才的基础工作之一。没有对企业现实运作过程的了解和把握，学校培养的人才就像温室里的花朵，是经不起社会考验的。因此，高校要充分利用企事业单位和科研机构的物质资源和智力资源，走产学研一体化的办学之路。学校可以从实际出发，鼓励中青年教师积极申报科研项目或参与企业的项目开发，在科研经费、企业联系、学校待遇等方面制定鼓励政策，并在培养过程中建立中青年教师科研与项目开发的科学考核与动态竞争的管理机制。设立教师科研基金，改善科研条件，鼓励教师开展科研工作。教师的晋级必须有足够的教学工

作量和科研成果，否则不予晋升高一级职称。要逐步实现教师能够从知识型向技术、技能型转变，努力做到高校既出人才又出成果也出产品。

（1）由企业提供科研经费，委托高校系部或教师按技术研发委托书开展实用技术研发，由专业教师带领青年教师或直接由有能力的青年教师独立承担技术研发任务，这既加强了与企业生产科研部门的联系与合作，又为教师提供了生产实践和继续提高的机会和条件。

（2）鼓励教师积极参与企业培训工作。学校采取积极措施鼓励专业教师走出学校，面向企业、面向生产，随时与企业保持业务和信息的联络，并且充分利用学校拥有的多种宣传阵地和教学环境，为企业提供相关产品的宣传与技术讲解，参与企业的员工培训及产品客户培训，以此不断推动校企之间的文化交流。同时还可使专业教师及时获取行业企业信息，并使之及时进入课堂，让学生能学到最新知识信息，从而有效促进课程内容改革，最终才能真正实现校企双方互融。

（3）实行"访问工程师"模式。这是培养双师型教师的突破口。学校每年可以利用暑假等时间，安排教师到专业对口的企业，通过挂职顶岗、合作研发等多种形式强化实践技能。教师在企业实地接触先进的专业生产设备、技术和工艺，及时了解专业生产现状和发展趋势，丰富了实践经验，而且还增强了专业技能。教师回来后在教学中及时补充反映生产现场的新技术、新工艺，提高了课堂教学效果。

3.唤醒教师自我意识，加快专业教师向双师型教师的转变

意识是人脑对客观存在的反映，它既包括个体对周围客观事物的意识，也包括个体对自己各种身心状态的认识、体验和愿望，即自我意识。自我意识是人的认识的最高形式，它能够使人们意识到自己有什么目的、计划以及自己为

什么这样做而不那样做。教师的自我发展意识是教师自我专业发展的内在驱动力，唤醒教师的自我发展意识，正是要使教师准确地意识到自己的感知、思考和体验，能够明确自身发展的目标和计划，促进自身专业化发展进程。教师的自我专业发展需要和意识反映了教师如何不断自觉地促进自我专业成长，意味着教师不仅需要处理好自己与教育环境的关系，而且还需要把自身的专业发展当作自己认识的对象和自觉实践的对象。教师的自我发展意识，包括对自己过去专业发展过程的意识、对自己现在专业发展状态、水平所处阶段的意识以及对自己未来专业发展的规划意识，使得教师能够"理智地复现自己、筹划未来的自我、控制今日的行为""使得已有的发展水平影响今后的发展方向和程度，未来发展目标支配今日的行为"。因此，双师型教师队伍的建设不仅需要通过职前的培养和职后的培训，而且还应注重激发教师的内在需求，唤醒教师自我发展的意识，通过教师不断自觉的学习和实践，实现教师的自我专业发展，从而努力向双师型教师方向发展。

二、群体双师结构的教师培养机制

从教师群体角度看，打造专兼结合的双师型教师教学团队，是现阶段双师型教师队伍建设的迫切任务。

1. 拓宽教师来源，重视教师队伍建设效率

提高兼职教师比例不仅有利于学生学到最新的专业知识和技术，提高教学质量，而且有利于专业调整，适应专业变化的要求，还有利于减轻学校的经费和福利负担，降低办学成本，提高办学效益。兼职教师既不是学校与学校之间为了互通有无而互派的教师，也不是指学校为了弥补专业课教师不足而从校外聘请的专授专业理论课的教师，而是为了适应职业教育发展的需要，来满足职业教育教学的需要，从各行各业聘请的既具有丰富的实践经历、经验和专业技

能，又具有较高理论水平、专业知识和讲授能力的专门人才。

从社会大量选聘专业技术人员接受师范教育而成为兼职职业教育师资，不仅是解决职业教育师资数量不足，打造群体结构双师队伍的重要途径，而且也是优化师资结构，适应专业变化要求，实现教学与生产、科研工作以及社会实践相结合的有力措施。高校必须转变观念，从重数量、重形式转向重质量、重内涵上来。建设一支相对稳定、结构合理的兼职教师队伍，不仅有利于改善高校教师结构，而且还可不断适应人才培养和专业变化的要求。在相关的企、事业单位中不乏既有理论素养，又有丰富实践经验和教学能力的专家和工程技术人员。学校可以根据专业实际需要，把他们聘请来校做兼职教师，不失为一种充实双师型教师队伍的好途径。因为，作为一名兼职教师，一方面可以将生产、科研、管理第一线的新技术、新工艺、新方法和新观念及社会对从业人员素质要求带到学校；另一方面他们在与学校教师进行教学活动的交流中，能产生示范效应，从而能够更好地促进专业课教师向双师型转化。

2.建立教师管理的规范性制度

为了满足兼职教师内心的归属感，落实兼职教师的资金投入和编制，需要建立规范的兼职教师聘任制度，是把兼职教师队伍建设纳入教师队伍建设中来的当务之急。一方面，国家应明确高校教师的任职资格，并要求各级教育部门设立专门机构，对那些在企业界具有较高理论水平且具有丰富实践经验的工程师或技工，进行教育学、心理学、教学法的系统培训，使其掌握职业教育规律，树立正确的职业教育人才观、质量观、教学观。对于有志于从教的社会各界人士，学校应提供教育学位课程和教师资格证书课程的培训和学习，使他们有获得教师职业资格和深造的机会，并对其任教资格给予认定，同时还要在遵循《教师法》和《教师资格条例》的基础上，可以根据当地经济发展制定完备的兼职教师的管理制度，对兼职教师的待遇、与所在单位的人事关系及分配关系等问题做出具体规定。另一方面，学院应做好服务，使兼职教师安心工作。运用激励机制，根据学期考核结果对兼职教师实行多劳多得、优劳优酬的分配制度，以此来增强兼职教师的积极性、主动性和创造性，增强工作的责任感和使命感。要帮助兼职教师协调处理兼职与专职的关系，帮助兼职教师解决交通问题，应该灵活地安排上课时间，主动为其提供参考书等资料。对待兼职教师要一视同仁、人性关怀，邀请他们按时参加教研活动，而且允许具备条件的兼职教师参加教师职称评定，学期末或年终，对兼职教师与单位职工一同考核，与职工一样分等级、评奖并表彰。要经常关心他们的家庭情况、身体状况、授课薪酬和心理、思想动态情况，多倾听兼职教师对学校工作的意见和建议并加以改进，让兼职教师抛弃打工思想，把兼职作为自己事业的一部分来对待，要充分调动工作积极性。此外，学校要依法聘任具备相应资格的工程技术专家、管理和服务行业精英人才、生产技术能手等优秀人力来职业学校任兼职教师，需要明确双方权利和义务，落实和保障兼职教师的待遇。

第三节　健全双师型教师职后培训体系

双师型教师资格并不具有终身属性，特别是随着新工艺、新设备、新标准在生产、服务第一线的不断涌现，高校的专业教师必须加快自身专业知识的更新，必须在走上教学工作岗位以后，不断学习、实践才能不掉队、不落伍，还要及时把新的专业知识和技能融入教学工作中。因此，双师型教师的培养不是一劳永逸的，对他的认定也不是终身性的，而是具有时效性的。所以，加强对双师型教师的职后培训工作，进一步完善职教师资继续教育体系，是全面提高职业学校教师综合素质，建立一支高素质的双师型教师队伍的保证，是使职业教育不断适应社会经济发展需求，能够保证职业教育可持续发展的重要基础性工作。

职教教师职后培训是教师职后培训的一个分支，从广义上讲是指对已经在岗的高校教师进行的再教育，既包括对已经取得教师资格的教师进行更新知识结构、拓宽知识面、提高知识水平和专业技术能力的再教育，也包括对那些已经在岗工作，但是尚不符合教师资格要求的职教教师进行的学历补偿教育（达标教育）。从狭义上讲，是指对已经取得教师合格证书，并经过岗位培训，能基本适应岗位要求的职教教师进行更新知识结构、拓宽知识面、提高知识水平和专业技术能力进行的再教育。

一、高校双师型教师职后培训意义

1. 教师职业专业化标准的要求

美国卡耐基教育促进会倡导的《教师专业化标准大纲》对教师专业化标准进行了界定，从几个方面概括了教师专业化的基本内涵：第一，教师专业既包括学科专业性也包括教育专业性，国家对教师任职既有规定的学历标准，也有必要的教育知识、教育能力和职业道德的要求，国家有教师教育的专门机构、专门教育内容和措施；第二，国家有对教师资格和教师教育机构的认定制度和管理制度；第三，教师双师型发展是一个持续不断的过程，教师双师型化也是一个发展的概念，既是一种状态又是一个不断深化的过程。这个行业和医生、律师一样具有不可替代的独立性，与职前教育相比，职后教育对于教师更新知识结构，对提高教师教学技能和教学科研方法有着重要意义。因此，进一步加强、规范教师的职后培训是教育改革和高校教师双师型化发展的需要。

2. 终身学习和学习型社会的需要

现今社会，受终身教育思想的推动，教师教育的重心已经后移，继续教育日益被各国所重视。在未来社会中，变革将会更加急剧。知识的更新也将更加迅猛，人与人之间、国家与国家之间的竞争将会更加激烈，教育不能再局限于那种必须吸收的固定内容，而应被视为一种人的进步过程。在这一进程中，人通过各种经验不仅学会如何表现自己、如何与别人交流、如何探索世界，而且还学会如何持续不断地、自始至终地完善自己。只有这样，才能成为社会变革的主人，这就意味着教师的职责将不再是单纯地传授知识，而是培养学生终身学习的意识、愿望和能力。因而，教师的终身学习和与时俱进的不断成长也就会成为必然。

3. 教师个人发展的需要

大师的炼成不是一朝一夕的，而是需要经历磨砺的过程。虽然并不是每个教师都能成为专家型教师，但每个教师都有自我实现的欲望。正规、良好的职后培训可以满足教师的这种自我发展欲望，使教师通过培训获得知识的更新和教育观念的改善提高。职后培训不仅是教师实现理论与实践再结合的途径，而且也是教师塑造人格，追寻自我生命意义的过程。

二、我国职教师资培训工作的现状及问题

自改革开放以来，我国的职教教师队伍建设取得了一些进展，教师规模和素质结构有了较大发展，特别是对在职教师的培养培训上取得了明显成效。各级政府给予职教师资培训工作大力支持、重点发展。精心组织，扎实推进各项教师培训工作，积极落实国家级培训和省级培训，以骨干教师和校长为重点的培养培训活动开展广泛，教师企业实践制度全面推进，校长培训形成制度化，师资国际交流与合作达到新水平，职教师资培养培训网络初步形成，这些都为职教师资培训工作奠定了扎实的基础，还缓解了我国在职业教育师资上质量不高的问题。

同时，我们也清醒地认识到培训工作，尤其是培训的管理工作存在一些亟待解决的问题。随着培训规模的不断扩大，培训基地数量不断增加，培训的信息量也随之迅速丰富起来，这使得培训管理工作变得更加复杂。尽管一些培训基地在积极寻求新方法，努力加强对培训工作的管理，但可以利用现代化手段，尽快建立起一套结构完整、衔接有序的信息管理系统，是职教师资培训部门进行科学决策和改进工作的内在要求，是规范师资培训，提高管理效率和质量的必然选择，更是职教师资培训当前面临的十分迫切的任务。

三、双师型教师职后培训策略

针对目前我国双师型教师职后培训以学校为本位、忽视教师实际需求、培训渠道单一的现状，构建以社会为本位，开放的、多渠道和个性化的双师型教师职后培训体系，在对我国高校双师型教师队伍现状和教师职后培训现状调查了解的基础上，认真汲取终身教育理论和教师专业化理论对教师职后培训的指导意义，结合发达国家高校教师职后培训的经验，尽快推出了适合我国双师型教师职后培训的思路。

1.转变办学理念，突出职业院校双师型教师培训的重要性

高校的主要领导一定要转变办学理念和办学思想，根据社会经济的发展和市场经济对人才的需求，强化现有教师的素质和技术能力的培训，建设一支道德高尚、素质优良、技术过硬的专兼职相结合、结构合理的高校双师型教师队伍。

2.强化教育意识，树立明确的培养目标

职后培训并非职前培养的简单补充，它是在职前培养的基础上，能够根据社会与教育发展的需要，旨在使教师进一步更新教育理念，丰富专业知识与技能，提升自己从事专业工作的能力，它是促进教师专业化发展的重要途径。职后培训不仅仅是让教师掌握一门技能，也非只面对少数骨干教师或优秀教师，而是要侧重于教师整体素质的提升和面向全体教师，要关注每一个教师的发展。与职前培养一样，职后培训也是一项系统工程。它有自己的特点和规律，是在教师具有一定实践经验的基础上，通过培训促进他们对经验的反思与分析，进而将自己的感性经验上升到与时代相符的理性高度并进而指导自己的实践活动。当前教师职后培训的指导思想应以终身学习思想为指导，就要遵循教师成长的规律，统筹安排，按需施教，学研结合、研训一体，突出培训的针对性、实效性与专业性，突出学员的主体地位，还要加强教师职后培训的科研力度，不断提高教师的成熟度，努力建设一支专业化水平较高的教师队伍。

3.建立国家级职业院校师资培训基地

我国地域宽广，不同地区社会、经济、教育发展等方面均不平衡，因此，建议分别在华南、华东、华中、华西、华北、东北和西北等合适的城市建立7个国家级高校师资培训基地。这些国家级培训基地要能真正集中高校实际需要的优势学科和设施设备力量，真正具有辐射、带动作用。国家高校师资培训基地重点是要培训各省重点高校（中等高校的师资培训可以参照德国的培训网络

建设，放到省级师资培训基地）的师资。为了充分拓展培训基地"产学研"或"教研"的功能，培训基地不但要有适应职业教育的理论培训系统，而且还要与国家高新技术产业（集团）、国家级科研院所等组成"三位一体"的联合体，以便于高校的教师到培训基地以后，能够真正做到文化知识素质和职业技能、科学研究能力等方面都有所提高。

4.加强对现有双弹型教师的专业能力培训

（1）立足校本培训

所谓校本培训是指以教师任职学校为基本培训单位，以提高教师教学能力为主要目标，把培训与教育教学、科研活动紧密结合起来的一种继续教育形式。校本培训可以克服培训内容与教学实际脱节的弊端，能够着重解决教师在教育教学、专业发展中遇到的问题，能够更快地促进教师专业成长。校本培训可以通过校内教师师徒结对，也可以聘请校外学科理论专家或技术人员指导等方式进行。始终坚持以人为本的思想，为教师搭建一个终身学习、自我提升的平台，在教师自我素质提高的同时，还可以促进学校的发展。通过教师和学生的各种技能比赛提高岗位技能，通过论文评比、优质课评比以及邀请国内外的短期专家培训等方式锤炼教师基本功，立足岗位成才。

第一，实施"教师自我培训计划"。要求人人有目标、有计划、有步骤，使教师的知识结构和能力结构有本质的改善。结合"双证书"计划实施，应督促、鼓励、引导教师，尤其是青年教师参加认证课程的培训考试。鼓励教师考取、获得职业（执业）资格证书。对担任认证课程的教师进行培训，要求必须取得认证机构要求的培训讲师资格、考评员资格。另外，可以根据青年教师的专业方向，安排其参加职业资格认证课程的学习、培训，对考取本专业高水平职业资格证书所需费用由学校承担，并在学校的《专业技术职务聘任条件》等文件中，将教师取得高水平职业资格证书作为职称聘任的重要条件，以此作为政策导向，鼓励和督促教师向双师型素质发展。

第二，加大对青年教师的实验、实训能力的培养。新引进的工科各专业青年教师，第一年除完成规定的理论教学任务外，必须要到本专业实验实训室熟悉本专业各个实践环节和常用仪器、设备的使用，并由系主任和实验室主任为其确定2~3门实验实训课，随指导教师一同完成实验实训的准备、指导、考核全过程。

（2）与企业建立多方联系，创设专业实践平台

通过校企合作，把教师送到企事业单位顶岗锻炼，提高教师的实践经验。学校应将专业教师有计划地送到大中型企业，集中时间进行专业技能培训。青年教师3年内至少有半年到对口企业从事生产实践、技术开发、产品设计等工作，更新知识结构，增加实践经验。教师在企业工作期间，可视同完成额定教学工作量。将青年教师到企业锻炼作为一项制度，与学生实习、毕业设计、横向科研课题开发等工作结合起来，必须长期坚持。

第一，组织双师型教师去企事业单位锻炼，进行工程实践，掌握生产技能。职业学校为加强双师型教师队伍建设，除了依靠引进，还要注重培养。学校要把双师型教师队伍建设纳入学校教育发展总体规划，建立继续教育培训制度，根据教师的年龄、学历、经历制订具体的培训计划，以新知识、新技术、新工艺、新方法为主要内容，组织双师型教师去企事业单位进行工程实践，提高双师型教师的专业技能。一方面，对于理论课教师，在不断提高理论水平和学历层次的同时，还要让他们到生产、管理、建设、服务第一线或学校实训基地和产、学、研基地工作一段时间，参与实践，并能够解决某些实际问题，从而提高动手能力和操作水平。对于实训课教师，在不断提高动手能力和操作水平的同时，要加强对他们的理论培训，努力提高学历层次和理论水平，形成认识上的新飞跃，

使动手能力和操作水平由原来的经验型转变为科技型。这样的专业课教师就可以既承担理论课，又承担实训课，成为双师型教师。对于一些具有潜力的中青年优秀教师，应该有计划、有步骤地把他们选派到国家高职高专师资培训基地或国内外一些知名大学培训，进一步提高他们的"双师"素质。另一方面，加强对在职教师的培养和培训，可以安排专业课教师到企业进行专业实践。专业课教师要积极寻找机会到专业对口生产单位进行短期或中期的技术实践，参加企业培训，以适应市场对职业教育的新需要，学校要提供制度和政策上的支持。选派一部分中青年教师定期到生产、建设、管理、服务第一线进行顶岗锻炼和专业实践，通过岗位锻炼和专业实践，教师可以了解自己所从事专业目前生产、技术、工艺、设备的现状和发展趋势，在教学中能够及时补充反映生产现场的新技术、新工艺；教师也可以带着教学中的一些问题，向有丰富实践经验的工程技术人员请教，在他们的帮助下推广、应用和开发新技术的能力。在专业实践中应用产、学、研结合，跟踪高新技术，以科研促教学，生产与新科学、新技术、新工艺的推广和应用紧密结合。专业课教师利用所学的专业知识，可为企业提供技术服务、科研服务，既加强了与生产科研部门的联系和合作，也为教师创造了生产实践的机会和条件，帮助他们了解市场需求，从而加快教学内容的更新和教学改革的实施。通过产学研结合提高教师科技开发能力和创新能力，开展技术应用型科学研究，以科研促教学，这就要求培养这类人才的教师能始终具备同行业、本专业的先进技术水平，掌握和引领本专业技术发展的方向，始终不渝地紧跟产业和行业发展的动态，还能把最新的知识和技术传授给学生。

第二，组织专职教师参加科研，开展生产一线所需要的应用技术研究。通过合作办学，专业课教师能更好地掌握专业技能；与企业合作过程中，必然要了解和掌握技术生产过程，还要掌握企业劳动组织过程，这样将提高教师的实践能力，使他们逐步成为双师型教师。专职教师在开展科研工作中锻炼了自己的工程实践能力，还可将技术成果应用于课堂教学之中，丰富教学内容，提高课堂教学效果，使学生在学校期间就可直接接触已经在企事业单位生产中采用的技术成果。这样在学生毕业走上工作岗位之后就能很快适应工作需要，并能在工作实践中进行创新和开展研究。但由于各学校开展科研工作的程度差异较大，对于科研工作开展较少的高校实施这种方法能够吸收的专职教师人数不会很多。对科研工作开展较好的学校，大部分专职教师可以通过这种方法提高自己的双师素质。一定要组织好，真正搞好传、帮、带，使专职教师实践能力尽快提高，可以早日承担实践教学任务。

第三，专业骨干教师培训。应选送教学能力强、德才兼备的优秀专业教师到外地或相应高校进修学习，能够提高他们的业务素质和技能。一是到高等院校脱产学习，为了提高本校教师的知识层次和业务水平，积极创造条件送本校教师到国内外、综合性大学或师范类高校进行脱产学习；二是利用假期和节假日等业余时间，派教师到我国重点职教师资培训基地进修，进行补偿性学习。

第四，"以老带新、以优带新"。作为双师型教师培养模式的一种补充方式，"以老带新、以优带新"有其不可替代的优势，这是学校培养新教师的有效模式。它可以大大缩短新教师对岗位、教育教学常规、过程的熟悉与适应期，同时也促进新、老教师双方对教育教学过程的思考和研究。这种模式尤其对有一定理论教学基本功的教师提高专业实践能力，加速成长为双师型教师是一条有针对性、效果显著的捷径。但必须注意的是，技能和资历虽是选"老"选"优"的条件，但能否承担起"师傅"的角色，还应取决于思想素质、业务素质、人格特征，以保障培养教师的质量和效率。在确定"以优带新"的对子后，要明确"师傅"的责、权、利，这样不仅能加强"师傅"的责任意识和积极性，而且还有利于"徒弟"产生良好的从师态度和行为，从而提高"带新"效果，这对新、老教师的不断再提高都具有积极的作用。教师通过参加认证课程培训、考试和教学，通过下实验室、去企业锻炼、新老结合等途径，其知识能力结构将得到改善，实践能力就会明显提高，一支年轻化的双师型教师队伍将会迅速成长。

5，完善培训体系，保证教育质量

在科学技术迅速发展、教育改革不断深入的今天，双师型教师的继续教育对提高和保证职业学校教育质量有着举足轻重的作用。如果要保证培训质量，就必须做到：第一，建立完善、科学、规范的双师型教师培训体系，强调师资培训的专业化、权威性和针对性，使师资培养有法可依，有章可循，保证师资培训质量；第二，加强校企合作，需要定期指派专业教师深入企业实习，通过参加对口专业实践、产品开发、技术服务以及生产经营工作等提高教师的专业实践水平，达到开阔视野、更新观念和专业知识的目的，并将短期实习与长期跟踪实习相结合，可以保证培训的连续性；第三，根据教学的实际需要，多角度、多渠道、灵活多样地进行培训。从培训内容看，既包括学科和专业知识培训，又要注重教育管理、教育科研、教育评价以及新的教育技术等的培训，更要注意将知识培训与技能培训相结合，会持续提高专业教师将理论知识应用于实践的能力。

第四节　建立、健全双师型教师队伍培养的激励机制

激励的作用在于根据人们的不同需求，提供可以满足需求的可能条件，诱导人们为满足自身欲望必须付出努力，从而实现对自己和他人"双赢"的目的。因此，在培养出一支素质优良，结构合理的双师型教师队伍后，如何有效而积极地采取激励措施，充分调动他们的工作积极性和主动性，吸引并留住人才，是高校在双师型教师队伍建设中面临的又一重大而现实的问题。建立健全双师型教师队伍培养的激励机制，必须要以现代激励理论为基础，还要充分考虑双师型教师的内、外部需求，借助多重激励手段激发、引导、保持和规范教师的行为，以期有效地实现学校及其个体目标。

一、激励机制是双师型教师队伍建设的重要保障

何谓激励？激励是激发鼓励的意思，是利用某种外部诱因调动人的积极性和创造性，使人有一股内在的动力，向所期望的目标前进的心理过程。教师，尤其是高校的教师，由于他们劳动的性质和为人师表的自我意识，使得他们特别注重自我价值，注重个人的声誉和在组织中的地位，希望能够获得别人的尊重，期望自己的工作受到上级和同事们的肯定。鉴于以上缘由，为了更好地加强双师型教师队伍建设管理，调动教师内在潜力去实现既定目标，就需要通过激励手段激发和调动教师的积极性。

激励在管理学中"主要指激发人的动机，使人有一股内在的动力，朝向所期望的目标前进的心理活动过程。激励也可以说是调动积极性的过程。"激励机制就是在组织系统中，激励主体与激励客体之间通过激励因素相互作用的方式。在学校管理中，激励具有十分重要的作用。高校要建立起能促进双师型教师成长的激励机制。教育效率在很大程度上取决于教师工作的主动性和积极性，

所以在高校的教师管理中还必须建立符合职业教育办学规律的多元化的、充分满足教师合理需要的激励机制，将教师由管理的客体、被管的对象，变为分内工作控制的主体，促使其学校主体地位的回归，激发教师的工作热情，使其积极主动工作。针对高校优秀师资流失严重的现象，学校在通过校本培养的途径培养双师型教师的同时，也应建立促进双师型教师成长的切实可行的激励措施，留住所培养的优秀人才。要建立调动高校教师积极性的激励机制，还要充分运用激励效应调动教师的积极性。学校应当想方设法去了解双师型教师的需要，千方百计通过建立不断改善办学条件和深化学校内部改革，建立吸引人才、培养人才、稳定人才的良性机制。要多渠道筹集师资培训经费，为教师创造良好的工作环境和生活条件，提高教师的社会地位和经济待遇，调动教师的积极性，充分发挥他们的主观能动性，使他们能够高效优质地工作。学校可对获得双师型教师资格的教师给予享受学术休假、出国培训、进修、项目开发补贴、提高课时津贴标准、职称评聘优先等优惠待遇，让被评为学院学科、专业带头人的双师型教师享有充分的教学改革权，让他们积极参与学校管理。通过这些措施突出双师型教师的优势地位，从而激励广大教师以获得"双师"素质为荣，充分激发教师的工作热情，使其积极主动工作，促进双师型教师成长。

二、完善双师型教师队伍建设的激励机制

建立高素质的教师队伍，必须对"带头人"——双师型教师在待遇、政策等方面给予适当的倾斜，提高他们的积极性。这就要求高校在上级教育主管部门核定的教师职务结构比例内，科学合理地设置教师职务岗位，加强聘任和聘后管理，积极推进教师聘任制；实行评聘结合，淡化身份管理，强化岗位管理，逐步实现教师职务由身份管理向岗位管理的转变；采取措施，进一步提高双师型教师的地位和待遇；进一步完善教师津贴制度，制定向双师型教师倾斜的政策；

充分发挥广大教师，特别是双师型教师参与学校民主管理和民主监督的作用。

1. 提高双师型教师的收入

高校必须在教学津贴、岗位津贴和奖励津贴的发放上向双师型教师倾斜。另外，对那些能力强、贡献大的双师型教师要制定专门的津贴标准和奖励标准，不能搞平均主义，要给双师型教师开小灶，加大奖励力度。这样做有两个好处：一方面，可以形成一种激励机制，使学校其他教师在教学工作中向双师型教师看齐，提高他们的积极性和主动性，从而加快高校教师队伍建设步伐；另一方面，对双师型教师而言有一种无形的压力，使双师型教师具有使命感和紧迫感。在我国现今的高校中，双师型教师的收入待遇并没有明显高于非双师型教师。在现有情况下，高校必须在教学津贴、岗位津贴和奖励津贴的发放上向双师型教师倾斜。

当然，要提高双师型教师的收入，就需要国家必须出台相应的政策和措施予以保障，要制订切实可行的、符合职业教育教学原则的教师分配制度，要对双师型教师的收入进行明确、具体的规定，如基本工资、教学津贴等，只有这样，才能使高校在具体的制度落实中做到有法可依，有法必依，还减少学校管理人员和教师之间以及一般教师和双师型教师之间的矛盾。

2. 提高双师型教师在学校的地位

教师聘任制在全国范围内已经全面展开，高校要认真落实教师聘任制度，还要彻底打破教师职业的"身份制"和职务聘任的"终身制"，实行真正意义上的"评聘分开"制度，将"身份管理"变成"岗位管理"，将"终身聘任"变成"竞争上岗"。在这种观念的指导下，可以通过实行低职高聘和高职低聘的办法，提高双师型教师在学校的地位，使他们感到前途一片光明，有压力也有动力，努力提高业务水平。对于年轻职教教师来说，这种政策更能使他们受益，因为他们虽然具有高学历，但由于工作时间不长，没有取得相应的职称。值得注意的是，实行低职高聘必须考虑到教师的工作岗位、素质等因素，要真正使那些工作在教学一线，具有较高的"双师"素质和能力，在专业课教学中能挑起大梁的人才能获此殊荣。

现行的教师聘任制没有对双师型教师做特别的说明，也没有特别的照顾，针对这种情况，一方面可以增加相应的条款，使双师型教师具有聘任优先权，在评先、评优方面要适当向双师型教师倾斜。例如，在评选学科带头人和优秀骨干教师时，可以将是不是双师型教师或是否具备"双师"素质作为一个基本条件，从而在教师中形成一种无形的压力，产生一种促使教师上进的原动力，有利于在教师队伍中形成比学赶帮的氛围，也可以提高双师型教师及其他教师的整体素质。另一方面，"可实行教师职称和专业技术职称双职称制"。

3.建立公平、适当的强化激励考核

激励机制要保证实施过程公开、民主。高校在依据双师型教师队伍建设情况进行激励考核时要根据专业情况、人才培养目标做到因地制宜，不能一刀切，既要考虑程序的公平又要考虑程度的适当。只有充分考虑教师在"双师"能力形成和实践过程中的各种影响因素，激励才能真正起作用。

"公平"不等于平均。公平的考核标准并不是要形成物质利益新的平均分配，它主要是指考核标准的公平性，即教师对于自身"双师"能力的培养，不能因职称、资历的不同而有不同的标准。因此不论对于青年教师还是老教师，在"双师"能力培养的竞争中实际上都是处于同一个起跑线上。对于因"双师"能力引发的物质激励也不能因旧有职称不同而采取不同的评判态度。在双师型教师队伍建设过程中，对于教师双师资格、双师教学成效的评价标准都应该一视同仁。

"适当"是指要结合不同的教师群体制订不同的双师型教师队伍激励目标，适当考虑教师专业情况和行业、职业的差异。例如，对于以工科为主的高校在激励机制中就要加大对专业教师带领学生在企业一线的顶岗实习成效的考核力度；对于一些院校不具备技师认定标准的专业，在激励考核中就不能用统一的技师职业资格标准要求；而对于职业资格认证体系完善但实践机会不易获得的专业，就不能一味地用企业实践经历作为激励考核的唯一要素。

总之，不论何种激励方式，单一使用都不足以解决双师型教师队伍发展面临的问题，只有结合具体的发展情况，将多种激励方式结合起来有针对性地使用，形成科学的"双师"结构教师队伍激励机制，才有利于在高校建设环境中形成以"双师"素质养成为核心目标的教师队伍建设主导意识；才有利于更大程度地激发教师的潜能，积极地实践"教训合一""工学交替"等具有职业教育特色的教学模式；才有利于营造高校内部的良性竞争环境，在教师中间还有通过有引导性的竞争激发教师的进取精神和协作精神，使院校从教师队伍内部不断获得推动双师型教师队伍建设的巨大动力，才能实现院校教师队伍建设的预期目标。

4.在其他方面给予关心和支持

在其他方面，也可以给予一定的照顾，能够使双师型教师在心理上得到慰藉，使他们解除后顾之忧，安心工作，从而激发他们对工作的热情，能够更好地发挥他们的潜能，具体如下。

（1）在福利待遇上优待

完善的福利系统对吸引和保留双师型教师非常重要，它是学校人力资源管理特色的一个重要标志，也是保障教师工作稳定的要求。学校对双师型教师可以进行分层分类福利激励，分层是将双师型教师划分为不同的层次，即将双师等级教师细分为中级、高级两个层次；分类则可按照来源、专业、特色来划分类别。根据教师教学经历和所持证书情况将双师型教师划分为双师经历教师、双师资格教师和双师等级教师三大类。针对不同层次、不同类别双师型教师的特点来进行有效的菜单式福利，学校完全可以参考某些企业的做法，列出一些福利项目，如子女就业安排，住房及办公条件改善，基本养老保险、医疗保险、失业保险等社会保险的交纳等，并规定不同等级的福利总值，让不同层次和类别的教师自由选择，各取所需。这种方式区别于传统的、整齐划一的福利计划，具有很强的灵活性，针对双师型教师的激励将更有效。

（2）在工作上提供便利

双师型教师作为高校教师的中坚力量，他们的工作范围宽泛，工作内容复杂，业绩在很大程度上是取决于他们对知识的创造、传播和应用所做的贡献。因此，学校的工作规划、绩效评估、工作的职责范围、业务流程都要进行相应的调整，给予双师型教师更大的工作自主性和宽松的工作环境，使他们有一种被信任感和成就感。工作本身对教师的内在激励是激励的重点，工作的自主权包括相对充分的授权以及工作方式和工作时间的灵活性。相对充分的授权意味着在专业范围内给予极大的自主权，给予其充分的学术自由的空间；更加弹性的工作方式和时间，即各职业学校可在科研经费的投入等方面也应对双师型教师实行政策上的倾斜，各系、教研室要优先安排他们参与科研项目开发，主持或参与主持本专业范围的实验项目、实验装置开发，负责相关仪器、设备的维修、保养或解决较为复杂的技术问题，或者指导年轻教师进行工程实践能力培养等方面，让双师型教师选择集中授课、分段授课、专题讲座、多人分阶段合作授课等授课方式，灵活安排授课时间，使双师型教师容易从企事业单位获得兼职的机会，也是获得回到企业、行业，参与工程实践的一种职业能力再培训的机会，这样能更好地发挥他们专业领域的经验和教学手段，并且还能够激发其灵感，提升其科研能力。

（3）创造良好的文化环境

积极构建双师型教师个人成长与发展和发挥工作自主性的舞台。培育和保持一种自主与协作并存的校园文化，可以提高教师的活力和学校的凝聚力，努力培育和创造出一种强烈的、长期服务意愿的环境文化。环境包括硬环境和软环境，学校不仅应为教师提供一个舒适的硬环境，而且还应努力营造一个良好的软环境，作为学校引才、留才的最重要的手段。在知识经济时代，知识型员工更看重软环境，拥有知人善任的杰出领导、和谐进取的组织文化、融洽高效的合作团队、弹性工作制度的组织将更受知识型员工的青睐，这样的环境也更能激发员工的创新欲望和工作热情。

三、完善双师型教师队伍建设激励机制的配套建设

1. 结合"需要层次理论"实施激励

美国心理学家马斯洛的需要层次理论是研究激励时影响最大、应用最广的一种激励理论。他把人类的需要看作有等级层次的，从低级的需要逐级向最高级的需要发展，并且认为当某一级的需要获得满足之后，这种需要便中止了激励作用，另一种更高层次的需要开始取代其产生激励作用。在《动机论》一书中把人的需求分为生理需求、安全需求、社会需求、尊重需求和自我实现需求五类。

生理需求：主要是包括对食物、水、住所等的生理需要，这是人类最低级别的需求，人们在转向较高层次的需求前总是要先满足此类需求。这类需求表现在工作中就是对基本报酬和收入的需求。

安全需求：主要包括了生活稳定及保护自己免受身体和情感伤害的需要。与生理需求一样，人在这类需求没有实现时，最关心的就是此类需求。这类需

求表现在工作中就是要求工作安全而稳定，还有各种福利待遇，即医疗保险、失业保险、退休福利等的需求。

社会需求：主要包括了友谊、爱情、归属及接纳方面的需要。当生理需求和安全需求得到满足后，社会需求就会占据主导地位，进而会产生激励作用。这类需求与前两类需求不同，属于高级层次需求，如果这类需求得不到满足，就会影响工作的激情，还会导致对工作的懈怠和不满情绪。这类需求在工作中的表现主要是寻找和建立温馨和谐的人际关系。

尊重需求：内部尊重要素包括自尊、自主和成就感；外部尊重因素包括地位、认可和关注等。尊重需求主要是希望别人能够按照实际形象来接受他们，认可他们的工作能力。这类需求表现在工作中主要是对成就、名声、地位和晋升机会的需求。当这类需求得到满足时，其内心就会因为价值得到认可而充满自信，如果这类需求得不到满足，就会表现出沮丧。

自我实现需要：成长与发展、发挥自身潜能，实现理想的需要，是追求个人能力极限的内驱力。要满足此类需求，个体就应该在某个时刻已部分满足其他部分的需求。当然自我实现的人也有可能过分关注这种最高层次的需求的满足，以至于自觉或不自觉地放弃满足较低层次的需求。这类需求表现在工作中就是要求领导者能够给个体提供一个施展才华的机会和平台，还能够让其感觉自身工作的价值和意义。

根据马斯洛的观点，这五种个人需求是逐层上升的，当一种需求得到满足后，更高一层的需求就会占据主导地位。从激励的角度来看，虽然并没有哪一种需求能够得到完全的满足，但是只要得到某种程度的满足，个体就会转向其他方面需求的追求。因此，在对双师型教师的激励过程中，必须根据双师型教师所处的需求层次，设计具体的激励措施。双师型教师的五层次需求激励体系主要包括五个激励体系。

第一层次的激励是以满足双师型教师的基本生活需要为中心的激励手段，以薪酬为主辅以一般性奖金和现金替代品的经济激励方式。薪酬是高校教师的主要收入来源，在某种程度上代表着人才的市场价值和社会价值，不仅能从根本上满足教师的物质需要，而且还能满足他们的自身成就感。因此，薪酬对教师的行为有着潜在的影响，在很大程度上影响着每一个双师型教师的情绪、积极性和潜能的发挥。目前高校的薪酬模式主要有以职称、职位为中心的薪酬模式，以业绩为中心的薪酬模式和以能力为中心的薪酬模式等三种形式。以职称、职位为中心的薪酬模式突出保障功能，但最不公平；以能力为中心的薪酬模式覆盖面有限；以业绩为中心的薪酬模式能给教师以公平获取报酬的机会，但制度不甚健全。因此，为了留住优秀人才，防止优秀师资的流失，稳定双师型教师队伍，高校必须在平等、公平的基础上实行全面而合理的、具有激励性的薪酬模式，适当降低以职称、职位为中心的薪酬模式的比重，保持以能力为中心的薪酬模式的比重，还可以加大以业绩为中心的薪酬模式的比重。要逐渐建立起形式多样、自主灵活的分配机制。此外，除了基本的薪酬外，还应注意用一般性奖金和奖金替代品来激励双师型教师工作的积极性。由于高校的这种奖金和奖金替代品（食物，如水果）多在年中或年终发放，且人人有份，虽然个人之间会有少许差异，但在性质上基本成了工资的另一种形式，因此，这两种激励仍属于第一层次的激励。

第二层次的激励是以满足双师型教师的身心健康与安全需要的激励手段。由于教师工作环境的相对稳定性和安全性，这一层次的激励主要以福利待遇和工作环境的激励为主。但是福利从广义上讲，可算作薪酬的一部分。但是在实际工作中，福利已经延伸到非物质的领域，可以满足人们更高层次的需求。可以说，薪酬是对劳动者的短期报偿，福利则是对劳动者的长期而可靠的承诺。高校教师的福利待遇一般主要表现在养老保险、失业保险、医疗保险、工伤保险和生育保险五项社会保险及其他的一些生活补贴上。但是由于福利有时似乎是一种看不见、摸不着的东西，常常使享受者不清楚具体得到了什么，从而在一定程度上削弱了它的激励作用。因此，高校在引进双师型教师人才时，应向其说清福利的内容和价值。同时，不可忽视的是，福利的质量也是影响对双师型教师激励的重要因素。因此，在设计福利激励时，应按需提供较非双师型教师更具吸引力的福利待遇。学校可根据双师型教师的年龄、职称、类型来采取个性化福利激励，以便针对不同年龄、不同层次、不同类别的双师型教师的需要，进行有效激励，充分发挥福利激励的长效作用。

工作环境激励主要是指高校要为双师型教师创造一个舒适的办公环境，营造一种适宜的工作氛围。舒适的办公环境和轻松适宜的工作氛围可以带给人一种情绪上的愉快，是影响教师工作效率的又一重要因素。高校应着力改善双师型教师的办公环境，并通过与双师型教师的沟通、交流等方法来积极构建舒适轻松的工作环境。

第三层次的激励是以满足双师型教师友爱、归属及接纳需要为主的文化激励手段。学校要通过各种交谊活动和团队合作来满足双师型教师对和谐人际关系和团队归属的需要。健康、协作、有竞争力的校园文化可以使教师感觉到学校发展的潜在力量，并由此增强双师型教师对自身工作的认同感和归属感，提高双师型教师的活力，可以增强学校的凝聚力。高校应该经常组织各种交谊活动和团体活动，为双师型教师提供各种交流学习的机会，增强教师间的协作精神和集体意识。

第四层次的激励是以满足双师型教师尊重需求为主的一种参与激励手段。

主要依据人本主义管理思想,对教师的激励,应该充分遵循重视教师、发展教师、依靠教师的原则。能够充分地肯定双师型教师的价值,满足双师型教师对尊重的需求,就是要确立双师型教师在职业教育中的主体地位,赋予他们相应的声誉、地位,充分保障其知情权、参与权和民主管理权,让他们觉得自己是学校的主人,满足其被信任感和成就感,从而激发出他们更大的工作热情。

第五层次的激励是以满足双师型教师自我实现需求为主的一种潜能激励手段。高校要给双师型教师提供充足的自我发展机会与空间,通过教育培训、自主选择等各种方式可以创造条件来促进双师型教师的成长,并将双师型教师个人的成长与学校的发展结合起来,来增强他们的自我实现感。

2. 运用"期望理论"实施目标激励

目标激励就是将国家、学校的整体目标与个人目标相结合,将远期目标与近期目标相结合,能够促使高校的教师在工作中将自己的教育管理行为与学校的目标和个人的目标、整体利益与个人利益紧密联系起来,从而产生激励作用。

(1)科学设置目标,实行目标管理机制。高校的管理者应根据

学校教师、学生的实际及学校办学条件和水平的实际,提出既具挑战性,又能通过努力达到的岗位工作目标。目标的价值越大,实现的可能性就越大,吸引力就越大。如果目标的价值虽然很大,但难度过大,往往会使教师觉得高不可攀,失去信心。同样,如果设置的目标太低,又不能使教师产生获得的满足感。因此,高校在设定激励目标时,就要注意切实可行,既要考虑目标的价值,又要充分估计实现的可能性。在管理中,要构建目标管理机制,对各工作岗位均明确岗位要求、职责及考核办法。

(2)注重目标设置的参与性,需要努力提高教师的认同感。让高校教师参与目标制订,一方面可以使目标更具体、更合理;另一方面也可以加深教师

对目标的理解，令其产生较强的认同感和责任感，使其在执行目标任务的过程中充分发挥自身的积极性和创造性。同时，也可以让教师参与目标制订，必然能大大增强教师的主人翁意识，促进教师把工作作为个人事业发展、成就渴望和学校发展有机结合，从而激发其献身精神，为目标的实现而奋斗。

（3）运用"公平理论"营造良好的心理环境，实现公平竞争。将公平理论应用于高校教师的管理中，要求高校的管理者为全体教师营造出一个公平和谐的工作环境和心理环境，不断建立健全公平激励机制。首先，建立健全公平激励机制。高校应建立使人才脱颖而出的激励机制，最大限度地调动各类人才的积极性，能够充分发挥他们的创造热情、智力潜能和奉献精神，对高校的改革与发展至关重要。因此，高校的管理者在处理工作任务的分配、总结评比、工资调整、奖励和晋升等实际问题时，应做到公平合理，增强职称评定等方面的公开性和透明度。其次，需要正确引导，弱化消极影响。不公平感是一种主观体验，当教师有不公平感时，要注意及时教育和心理疏导，防止产生消极对立情绪。加强思想教育，教育其正确处理个人与集体、个人与他人之间的关系，提倡无私奉献精神。第三，领导要体贴、关心教师，要努力创造一个友好和谐的氛围。良好的人际关系、平等的竞争环境、相互信任的干群关系可以弱化不公平感，保持其旺盛的积极性。最后，运用"强化理论"正确运用奖惩手段，来实行强化激励。奖惩是强化的一种重要手段，它作为一种外部刺激可以极大地影响个体的职业道德观和竞争意识。在教师管理中，必须坚持以正强化为主，实行奖惩结合。在建立健全人事考核制度、评比制度和奖励制度的基础上，对工作认真负责、工作成果突出的优秀教师给予必要的奖励，并在职称评定、职务提升等方面给予特别的考虑；要总结和宣传优秀教师的典型事迹，为广大教师提供积极工作、努力进取的参照和范例，从而激发教职教师效仿榜样、奋发向上。

同时，惩罚也是一项完善的绩效考核制度的重要组成部分，与奖励共同构成激励的内容之一。适当采用惩罚的手段，削弱或改变可能或已经出现的不良行为。在公正、公平、公开的基础上，要大力宣传并严格执行各类规章制度，对犯有错误、耽误工作和败坏声誉的教师予以适当的惩罚。在使用惩罚手段时，既要严格又要适度，做到严中有情，一方面让当事人吸取教训；另一方面又让其他人受到教育，引以为戒。要注意把握时效性和准确性，奖励对象要具有榜样的示范性，以及在奖励的形式和内容上要有创新性等，以努力提高奖励的效率，达到良好的强化效果。

四、创设双师型教师可持续成长的教学环境

随着科学技术的飞速发展，要求高校教师紧贴市场、岗位和新技术。高校通过多种培养途径建立了双师型教师队伍，如果高校的人才培养模式、专业和课程设置、教材选用、实训条件、教学方法和教学管理跟不上高校办学发展，双师型教师就无用武之地，或者产生的作用极其有限，双师型教师能力就会在传统教学中弱化，知识和技能无法实现价值转移。为使双师型教师培养得以持续、长远和深化发展，高校必须创设有特色的、一体化的高校教学保障体系来满足双师型教师的要求，同时在有利的教学环境中能够进一步巩固和发展双师型教师队伍建设。

另外，为了保证激励的及时性，有些激励需要在短期内兑现。例如，职业资格获得后的物质激励、指导学生职业大赛获奖后的荣誉表彰等，也有一些兑现的内容需要在很长一段时间内分步、持续显现出来，例如，"双师"培训机会的获得、区别于普通教师的"双师"津贴支付等。激励的手段多种多样，准确合理地运用激励手段是完善激励机制和强化激励效用的重要举措。一般来讲，短期类型的激励手段能够直接起作用，而长效类型的激励手段则会让全体教师

把符合院校统一行为导向所期望的行为继续保持下去。但是事实证明，有时我们可以依靠短期的利益奖励让教师去获得相关的职业资格和技术资格。例如，一些高校采取获证奖励、下企业补贴等短期激励方式，在短短的几年中速成了一大批具有"双师"资格的教师，基本上满足了人才培养工作水平评估中"双师"比例合格需要，但是这种短期激励却不能让教师将"双师"能力的获得和长期运用作为自己教育生涯的远期发展目标，这些教师也仅仅局限在具备"双师"资格上，因此在对教师进行短期激励的同时还需要长效类型的激励手段。例如，树立典型"双师"教师和"工学结合先进个人"等"榜样激励"和确定以双师型教师为核心和骨干的专业教学团队的"成就激励"的方式，需要通过不断的交流和竞赛的方式，在教学团队中树立双师型教师榜样，并将物质奖励与双师能力运用紧密联系，使"双师"教师更加了解自身的特色和优势。

双师型教师是学院的教学骨干和学科带头人，用好这批人，对于调动广大双师型教师的积极性，对于鼓励专业教师向双师型教师转化起着很重要的作用。坚持"培养与使用并重"的原则，把双师型教师分别安排到各系部担任中层领导和学科带动人，调动他们的教学积极性和工作热情，在教学中发挥很好的带头作用和骨干作用。

第五节　建立符合职业教育规律的双师型教师职称评定制度

高校作为高素质技能型人才的主要是培养和输送单位，为国家现代化的建设事业培养了大批各类专门人才，提高了劳动者的素质，对于建设社会主义精神文明，促进社会进步和经济发展做出了重要贡献。但就职业教育发展的内部环境来说，双师型教师队伍的建设问题依然是制约职业教育发展的瓶颈，而双师型教师的专业技术职务的评定则是摆在教师队伍建设中的一个突出的问题，因此，根据《国家中长期教育改革和发展规划纲要》对职教教师职称评定的要求，根据职业教育的培养目标、办学定位及其对师资素质的相应要求，但探索符合职业教育特色的教师职称评定制度已经迫在眉睫。

一、我国高校教师"职称"制度的演变

"职称"一词，在我国最早被人们称为"学衔"，从语义上可以理解为"职务的名称"。1960 年国务院颁发《关于高等学校教师职务名称及其确定与提升办法的暂行规定》，职称并不等同于"职务"，它们是两个不同的概念。职称，即学衔，只是专业技术或学识水平、业务能力或工作成就的等级称号和标志，不应与工资待遇挂钩，也不应有名额数量等的限制，而职务则是指与工资待遇挂钩，有数额限制，并有着明确职责与义务的工作岗位。我国从 20 世纪 80 年代末开始，在全国各高校试点职称改革，统一为专业技术职务聘任制，不再实行"职称"制，如 1986 年发出的《关于专业技术职务聘任制度的规定》。但由于人们习惯于使用"职称"一词，便沿袭下来。因此，现在我们通常所说的"职称"，实质上是指专业技术职务，是与工资待遇等有着直接关系，且有着名额限制的。

但在十一届三中全会以后，高校职称的评定与改革才开始在中等职业学校展开。经历了从 1979 年开始的"建立职称评审制度阶段"和从 1986 年开始的"职

称改革阶段"。在第一阶段，1980 年，经国务院批准，教育部正式发出《关于中等专业学校确定与提升教师职务名称的暂行规定》，将中等专业学校教师职务名称定为副教授、讲师、教员、实习教员四级。1981 年，在关于贯彻执行《国务院关于技工学校教师职称问题的批复》的意见（试行）中，决定将生产实习课教师按照《工程技术干部技术职称暂行规定》执行，定为工程师或技师、助理工程师、技术员等称呼。在第二阶段，在 1986 年，中央职称改革工作领导小组颁发的《中等专业学校教师职务试行条例》对职位名称、职责、评审与聘任办法作出了原则规定；这一时期的改革是在 1989 年底基本完成，并取得了明显的成效。但是，由于高职院校较中等职业学校发展起步晚，又长期划归普通高等教育一类管辖，因此，高职院校的职称评定一直与普通高校执行同一标准。从 20 世纪 80 年代开始，教师职称评审制度在全国迅速铺开，特别是 1986 年，以实施专业技术职务聘任制为核心的职称改革工作在全国各高校全面开展。这些举措不仅有效地激发了广大教师献身于教育事业的积极性和创造性，同时还促进了教师队伍的合理流动。

二、现行高校教师职称评定制度的利弊

职业教育与普通教育无论在师资要求上，还是在人才培养目标方面都有着明显区别。职业教育对师资的要求是既要有扎实的理论水平，又要有过硬的实际操作水平的以"双能力"为内涵的双师型教师。高校要培养的是适应生产、建设、管理、服务第一线和农村急需的德、智、体、美等全面发展的技术应用性专门人才。显然，让职业教育院校教师与普通教育学校教师执行同一职称评定标准对高校教师有失公允，既不利于双师型教师队伍的职业发展，又不利于技能型人才培养目标的充分实现，更不利于高校切实提高教学质量，形成区别于普通教育的职教特色。

1. 不利于双师型教师队伍的健康发展

职业教育不同于普通教育，有着自身的教育特点和教育规律。双师型教师概念正是在以往职业教育重理论、轻实践，重知识传授、轻能力培养和知识应用的环境下提出的，旨在强调实践性教学环节的重要性，纠正以往对教师队伍的评价偏重理论水平的不当做法，还能促使理论教学和实践教学有机结合、正确定位，适应以能力培养为主线的职教理念。虽然意识到了职业教育师资和普通教育师资的实际工作相异性，也提出了职业教育要培养"双师""双能"型教师队伍，但是对其职称的评审标准却与普通教育教师的一样，不仅模糊了实际工作中双师型教师界定标准，而且也容易误导双师型教师的专业发展方向。普通高校教师职称评审标准之一就是科研成果，学术论文的数量及其刊发期刊的等级。但目前高校师资普遍紧缺，每位教师基本上都承担着繁重的教学任务，这无疑增加了职教师资的负担，还迫使他们占用大量本该用来钻研专业技能、提高教学水平的时间，难以形成自己的个性。

2. 不利于技能型、应用性人才培养目标与充分实现

职业教育建设双师型教师队伍的根本目的是为了努力改变不适应职业教育要求、不适应培养行业企业一线需要的应用性人才的教师队伍的现状，努力提高人才培养质量，推动职业教育事业发展。高校技能型、应用型人才的培养不同于普通教育学生的培养方式，对他们的培养不仅要有一定基本理论的要求，更要有实际生产经验的强化，教育教学工作要与时俱进，紧跟行业技术的发展。而这一培养目标的实现要求双师型教师不断丰富自己的学识，不断积累大量一线生产实践经验，才能真正提高自身的理论和实践水平。但是，现行不完善的双师型教师职称评定机制导致了双师型教师队伍建设"重形式、轻实质"，只满足双师型教师建设的表面成就，片面追求职业资格证书、科研成果的数量。

对双师型教师和非双师型教师评定标准区分不够，而忽视了对双师型教师职业能力的培养和考核，在观念和做法上产生双偏差，最终导致了技能型、应用人才培养目标不能实现。

3. 不利于职业教育形成区别于普通教育的办学特色

职业教育教师职称评定标准靠拢普通教育教师标准带来的突出弊端就是容易使高校放弃自身特色，模仿普通高校办学。教学是高校的中心工作，高校的培养目标决定了它的办学应注重教学和实践两大块。近年来，高校之所以能够呈现蓬勃之势，也是由于在如今大学生就业压力大，就业困难的情况下，高校能够区别于普通高校，办出自己的特色，培养大批动手能力强、上手快的生产一线人员，满足了当前劳动力市场对技能型人才的需要。

三、双师型教师职称评定制度的革新与完善

1. 政府和职业高校共定合理的教师队伍职称评定机制

对政府而言，试行高校师资职称"独评制"，职业教育区别于普通教育，职业教育强调理论与实践并重，突出以能力培养为核心。普通高等教育着重于理论的系统性、学术性。因此，套用普通学校教师的职称评审标准来衡量职业学校双师型教师都有失偏颇。评定机构应当从职业学校教育的实际情况出发，把职业学校双师型教师的学术性与实践性有机结合起来，采用高等职业教育教师职称单独评审的制度。但是不主张把要求降低，而是要体现出职业学校的特色，例如，在科研方向上不必像普通高校那样强调学术性，而要体现技术性和实用性等。

对高校而言，对双师型教师实行"双职称"制度。双师型教师既能讲授专业理论课，又能在实训教学中进行指导。专业课教师分为专业理论课和专业实践课教师，对专业理论课和专业实践课教师的评定有着不同的要求和标准。专

业理论课教师的评定标准要兼顾对实际操作能力的考核，同时学校应制定相应的激励机制。专业实践课教师的待遇按与技术职称级别相当的教师职称级别来考虑，如一个高级工程师、讲师型教师应与教授、工程师型教师享有同等待遇。学校可以根据教师队伍发展情况与发展潜力建立双师型教师发展性评价导向机制，科学的评价制度有利于双师型教师的成长。从一般意义上说，应采取专家评价、领导评价和自我评价相结合，过程评价和结果评价相结合，再加强诊断性评价。采用发展性评价方式，其主要内涵是：全面、动态地评价教师，以评价促进教师发展。就是最常见的"以评促建，具体操作上尽可能全面地掌握教师个体的工作信息，能够及时发现具有高素质的双师型教师；将双师型教师的评价与职称、福利、奖金等直接挂钩。在双师型教师的考评过程中，政府相关部门也会参与到其中，政府的"独评制"与高校自身对双师型教师实行"双职称"制度有着异曲同工之妙，可以紧密地结合高校教师本身的特殊性进行考评，而不应将学术科研作为考评教师的重要指标，教师的学术科研固然重要，但在高校中并不是最重要的，而应将涉及专业性、技术性的实际操作能力加入到考评中来，并能够逐步规范化和合理化。

2. 改革事业教育专业技术名称，明确双师型教师身份

现行职业教育教师职称是从学术科研角度出发的，不能体现职业教育双师型教师的特征，不能反映或不能完全反映双师型教师的专业技能操作水平和熟练程度，与双师型教师的要求不相称、不相符。因为这些职称名称不仅不利于职业教育双师型教师的专业发展，而且给他们以错误的身份定位导向，也不利于职业教育人才培养目标的战略定位。因此，职业教育教师职称应引用相关行业的职称名称或称号，评定符合职业教育发展要求和类型特征的职称，以强化技能特色，营造职业技术氛围。目前，对双师型教师队伍建设一般认为有两种

类型：一种是既能胜任专业基础课、专业课教学，又能胜任实践指导课教学的具有"双师"素质的教师；另一种是结构性"双师"教师队伍，即从整个学校的人才结构来看，一部分教师精于专业理论课，一部分精于实践技能课。因此，可以对既能从事专业基础课、专业课教学又能从事实践指导课教学的教师予以"双职称"资格，有学者已经提出要根据其能力偏向而设定。而针对结构性"双师"教师队伍的职称评定，天津提出，一方面对从企业调入高职院校的人，教育主管部门可以予以认定教师资格，另一方面所有高职教师可以申请企业工程师系列，也可以在学校申请教师系列。这些做法和经验，其他地方也可以根据自己的实际情况，借鉴学习。主管部门应参照既有的经验做法，根据职业教育双师型教师发展的真实要求，制定了科学合理的职业教育教师职称评定办法。

3. 单设符合专业教育双师型技师特点的评定制度

从事职业教育的专业课教师，需要具有理论与操作的"双能力"（或称为"双素质"），这就要求必须单独设定符合职业教育双师型教师队伍特点的评审标准，增加能够反映职业教育人才培养目标和办学特色的内容，以减少依据科研成果、学术论文等与职业教育办学理念、办学特色不相符的要求，从而进一步明确对双师型教师发展方向上的要求，提高双师型教师在工作中的积极性和创造性。对双师型教师职称的评审标准，除了要严格执行如学历、外语水平、普通话、计算机应用能力等常规性要求，还应该对论文、论著、科研成果的参考比重要进行科学合理的考量，把教学能力、教学业绩摆在双师型教师职称评定标准的首位。同时，要增加教师专业技术操作与技能方面的素质考核，鉴定其指导学生实践实习的实际能力和熟练程度，以此体现双师型的特征。对此，一些中等职业学校已经开始尝试。把教师到企业实践锻炼作为专业课教师和实习指导教师专业技术资格评审的必备条件，教师参与企业技术创新和发明等所获成果作为专业技术资格评审的重要依据之一。这一做法不仅对于全国中等职业学校教师职称改革有着重要意义，而且对于高等高校突破职称评定的旧弊也具有很好的借鉴价值。

教师职称评审工作，作为评价教师行业专业技术人才的主要方式，政策性强、敏感度高，直接关系到每位教师的切身利益，并具有导向功能。双师型教师是职业教育教师队伍的中坚力量，直接关系到了职业教育的办学水平和办学质量。因此，要提高职业教育双师型教师的积极性和创造性，稳定高校教师队伍，更好地发挥他们在各自岗位上的作用，必须要根据职业教育特点和双师型教师特征，切实做好双师型教师的职称评审工作，从而满足职业教育发展的需要，满足我国经济社会发展对职业教育人才的需要，是我国职业教育教师专业发展的重要保证。

首先，在双师型教师职称的评定中应将教师的综合素质作为主要参考指标。除了要严格执行基本素质评定，如学历、普通话水平、外语水平、计算机应用能力等，还应将论文、论著、科研成果的参考比重适当减少外；还应适当增加教学能力、教学业绩的参考比重，甚至将此作为职称评定的首要考虑因素。

其次，要重视考核教师的专业技术操作与技能相关素质，对其指导学生实践实习的实际能力和熟练程度进行鉴定，来注重对学生知识和技能的迁移能力的考查，以此来间接了解双师型教师的教学能力。

在双师型教师职称评定中，不仅要把教学工作和专业技术操作技能作为重要标准，而且同时还要积极引导与鼓励那些确有学术特质，能从实际工作中发现问题、解决问题，既善于实际教学，又能从事理论研究的教师，以避免对双师型教师的职称评定工作从一个极端迈入另一个极端。

作为评价教师行业专业技术人才的主要方式，教师职称评定工作具有很强的政策性和较高的敏感度，与每位教师的切身利益直接挂钩，并具有一定的导向功能。而作为职业教育教师队伍中坚力量的双师型教师又对职业教育的办学水平和办学质量有直接的影响。所以要不断促进职业教育双师型教师的积极性和创造性的提升，建立稳定的、优秀的职业院校教师队伍，使其将在各自岗位上的作用充分发挥出来。这关键就在于以职业教育特点和双师型教师的特征为依据，将双师型教师的职称评定工作切实做到位，从而使职业教育发展的需要、我国经济社会发展对职业教育人才的需要得到最大限度的满足，这也是我国职业教育教师专业发展的重要保证。

4.进一步完善教师评价的制度

（1）完善教学工作督导制度

职业院校的核心竞争力主要是教学质量，教育教学质量的高低对学生的学习质量有直接的影响。职业院校必须重视双师型教师的教学工作，建立专门的教学督导组对双师型教师的教学工作进行定期或不定期的考查，采用听课、指导等多种沟通方式将教师的教学进度掌握好，以教学大纲和教学目标为依据对双师型教师的教学工作质量进行考核，能够严格实施教学评估和督导，维护正常教学秩序，同时还能加强对青年教师的指导，提高教学质量。

（2）充分发挥学生评教的作用

教师是学生获取知识和技能的主要源泉，学生是考查教师教学质量的主要对象。对于双师型教师教学工作的表现，学生最有发言权，应对学生的主体能动作用给予充分的尊重，还可以将学生的评教积极性激发出来，让学生真正参与到教学管理中，通过制定量化指标来保证评价的客观与公正，让职院学生真正对教学活动表示关心，并监督教师的教学工作，从而推动了双师型教师不断学习新知识、掌握新技能，以满足学生不断增长的学习需求。

（3）科学构建教师绩效考评指标体系

职业院校需对双师型教师进行全方位考评。包括教学工作实绩、组织纪律、思想政治表现、职业道德、业务知识水平、团结协作精神和创新意识等。要科学合理地开展考评工作，关键是设置好考评指标。考评指标体系不仅要能够将教师工作的性质和特点充分反映出来，而且还要具有可测性和可操作性。主要包括以下几点：

首先，综合考虑能够反映双师型教师工作成果的多项指标，还应该从多个侧面对教师的工作进行评定，通过考评不仅要将教师素质高低、能力强弱、贡献大小区分出来，还要体现出双师型教师这一考评对象的主要特点。

其次，不仅要考评可以定量的、易考评的部分，而且还要考评难以定量的定性部分。虽然定性部分的考评比较难，但只要对考评指标和考评方法进行准确选择和设计，就能获得公正的考评结果，在此基础上，结合定性考评与定量考评方法，从质和量两方面综合考评双师型教师。

参考文献

[1] 王珊珊 . 应用型民办高校"双师型"教师队伍建设路径 [J]. 时代汽车 ,2023,(24)：103-105.

[2] 周利生 , 向巧玲 . 高校思想政治理论课教师队伍教学能力建设研究 [M]. 江西高校出版社，2019.

[3] 谭见君 . 高职院校人工智能专业"双师型"师资队伍建设路径选择 [J]. 长沙理工大学学报 (社会科学版),2023,38(06)：115-120.

[4] 刘卓雯 . 任务驱动视角下高素质教育人才培养实践探索 [J]. 教育评论 ,2023,(11)：133-138.

[5] 李双慧 , 杨杰锋 , 王鑫 . 我国体育教师队伍建设的研究现状、热点及趋势——基于 Citespace 知识图谱分析 [J]. 辽宁体育科技 ,2023,45(06)：100-107.

[6] 李碧静 . 基于"强师德、铸师魂"的高校教师队伍建设探究 [J]. 西部素质教育 ,2023,9(22)：101-104.

[7] 孙在丽 . 新时代我国普通高等学校思想政治理论课教师队伍建设研究 [D]. 中共中央党校 ,2019.

[8] 周小慧 , 彭建 . 精准·协同·规范：教师培训发展的未来路径——2023 年四用省教师培训工作会议综述 [J]. 教育科学论坛 ,2023,(35)：62-65.

[9] 龙宝新 . 中国式现代化背景下的乡村教师队伍建设 [J]. 教育文化论坛 ,2023,15(06)：11-22.

[10] 周京 . "双高计划"背景下模具专业群"双师型"教师队伍建设举措与路径探索 [J]. 模具工业 ,2023,49(11)：81-84.

[11] 付含菲 . 产教融合背景下高职院校"双师型"教师队伍建设研究 [D]. 湖北工业大学 ,2020.

[12] 崔舒雅 , 林祝亮 , 曹振新 . 高职院校梯度化双师型教师队伍建设策略研究 [J]. 现代教育科学 ,2023,(06)：37-43+60.

[13] 韦林华 , 张慧敏 . 对接国家战略 , 服务企业"走出去"建设高水平国际化"双师型"教师队伍 [J]. 教育国际交流 ,2023,(06)：34-36.

[14] 张艺璇 , 马鹏 , 鲁晋方 , 李永华 , 袁红斌 . 战创伤麻醉情景模拟训练课程师资队伍建设的探讨 [J]. 中国继续医学教育 ,2023,15(21)：175-179.

[15] 李朝瑞 , 李轩 . 以法治力量推动教师队伍建设——省人大常委会开展《中华人民共和国教师法》执法检查侧记 [J]. 吉林人大 ,2023,(11)：4-6.

[16] 刘阳 , 罗先锋 , 陈小莲 . 善育背景下福建省托育教师队伍建设的现状、问题与对策研究 [J]. 黑龙江教师发展学院学报 ,2023,42(11)：49-51.

[17] 乔万俊 . 新文科背景下高职"双师型"英语教师队伍建设研究 [J]. 林区教学 ,2023,(11)：92-95.

[18] 成芳 . 新媒体时代民办高校思政课教师队伍建设路径研究 [J]. 新闻研究导刊 ,2023,14(21)：206-208.

[19] 王雨薇 . 河北省高职院校"双师型"教师队伍建设研究 [D]. 河北科技大学 ,2022.

[20] 秦丽华 . 乡村小学教师队伍建设的问题与对策研究 [D]. 广西师范大学 ,2022.

[21] 潘欣欣 . 乡村振兴背景下赤峰市元宝山区乡村教师队伍建设研究 [D].
内蒙古师范大学 ,2022.

[22] 高河发 . 乡村小规模学校教师队伍建设的困境与对策研究 [D]. 广西师
范大学 ,2022.

[23] 李心怡 . "双减"背景下 R 区义务教育阶段教师队伍建设问题及对策
研究 [D]. 江苏大学 ,2022.

[24] 文雪艳 . 乡村小学教师队伍建设的问题及对策研究 [D]. 广西师范大
学 ,2022.

[25] 齐砚奎 . 我国民办高校教师队伍建设的问题与对策研究 [D]. 华东师范
大学 ,2022.

[26] 孟繁华 . 坚持把教师队伍建设作为基础工作 [M]. 中国人民大学出版社 ,
2021.

[27] 李芩旭 . 产教融合背景下高职院校"双师型"教师队伍建设的研究 [D].
浙江师范大学 ,2021.

[28] 李晓云 . 改革开放以来高校思政课教师队伍建设政策的文本分析 [D].
山东大学 ,2020.